财务共享及智能财务理论与发展研究

贾　丽　著

中国商业出版社

图书在版编目（CIP）数据

财务共享及智能财务理论与发展研究 / 贾丽著 . --
北京 : 中国商业出版社 , 2022.11
ISBN 978-7-5208-2396-8

Ⅰ . ①财… Ⅱ . ①贾… Ⅲ . ①财务管理系统 - 研究
Ⅳ . ① F232

中国版本图书馆 CIP 数据核字（2022）第 244874 号

责任编辑：许启民
策划编辑：武维胜

中国商业出版社出版发行
（www.zgsycb.com　100053　北京广安门内报国寺 1 号）
总编室：010-63180647　编辑室：010-83128926
发行部：010-83120835/8286
新华书店经销
北京亚吉飞数码科技有限公司印刷
*
710 毫米 × 1000 毫米　16 开　13.5 印张　214 千字
2023 年 4 月第 1 版　2023 年 4 月第 1 次印刷
定价：80.00 元
* * * *

前　言

随着经济发展、技术进步以及竞争的加剧，传统的商业模式面临着巨大的冲击。层出不穷的信息技术和新型商业模式对企业财务模式以及信息系统建设提出了新的要求。近年来，我们时刻感到，财务行业正逐渐向数字化转型，以“大智移云”、区块链为代表的新一代信息技术对财务领域造成了巨大冲击与挑战。

一方面，随着线上线下融合的新思想在企业中的运用，传统的以事后处理为主的财务模式已经无法匹配前端快速响应的管理需求，因此，面临着巨大的变革。企业需要对更广泛的业务进行数字化处理，如记账、算账、报账、采购、税务等，以使这些业务能够适应前端的业务发展需求。另一方面，随着科技的推动，经济波动的周期逐渐缩短，企业经营更为复杂，充满着不确定因素，且信息技术的升级、数据的产生与处理速度加快，使企业又能够对海量的财务数据与非财务数据进行收集、加工与分析，最后获得更精细的数据与分析报告。显然，传统的财务思维与技术已经与企业需求不相适应，必须引入新的思维与新的技术。

财务共享服务是财务转型的先行军，更是价值守护与创造的奠基者。财务共享服务模式通过对基础业务进行制度化、规模化、流程化处理，释放出大量高素质的人才参与到战略财务与业务财务中。就这一意义而言，财务共享服务建构不是为了集中，而是为了分散，将财务人员进行分散，让他们一方面将真实、完整的数据收集起来，另一方面将财务理念灌输于每一个精英活动中，使企业各项工作都能实现价值增值，使财务的职能更有活力、发展更为广阔。

本书共包含六章。第一章至第四章主要论述财务共享理论与实践，涉及财务共享的产生背景与带来的影响、财务共享战略、财务共享的技术支撑以及财务共享服务中心的建设。第五章与第六章探讨了财务转型与财务智能化发展，尤其研究了智能财务理论与财务核算、管理、分析、决策等各项具体工作。本书聚焦新一代信息技术在财务领域的融合与应用，基于对财务核算和财务管理工作的创新发展，全面探寻企业在数字化时代以数据赋能业务发展，以实现数字化运营的行动路径。

本书内容包含了财务管理的一些最新研究成果，包括财务转型、共享服务、智能财务这些领域。这些研究成果探讨了企业在利用财务新模式提高绩效的过程中面临的机遇和挑战，视角独特，观点翔实，力求解读如何顺利实现财务共享，从容应对财务智能化，助力企业实现财务转型。

由于笔者水平有限，书中难免存在欠妥之处，恳请各位专家、广大读者批评指正。同时，也希望本书的出版，能够引发人们对中国企业财务转型的思考和探索，并借此推进和加速我国企业的数字化转型成功落地。

笔　者

2022 年 7 月

目 录

第一章　财务共享概述

财务共享服务是一种创新的管理模式,是为企业的标准化、规模化发展的有力支持,甚至是企业发展壮大的一个必经途径。人们对共享服务中心的概念也许相对熟悉,其中提供的服务范围就囊括了财务、资金管理、人力资源、信息管理、法律咨询、市场营销、采购和研发等。财务共享是重中之重,也是共享服务发展的一个主要部分。财务共享的发展在不同程度上带动了其他职能部门的共享服务的发展,因此,对财务共享需要有一个清晰准确的认识。本章重点从财务管理面临的机遇和挑战、财务共享的产生与发展以及财务共享的必要性及其影响三个方面展开论述,以期从财务共享的产生背景、发展脉络以及所带来的重要影响这三个最重要的角度切入,希望能够帮助准备开展财务共享的企业提供一个全面的视角,为推进我国财务共享服务中心的建立起到一定的积极作用。

第一节　财务管理面临的机遇与挑战

随着互联网、云计算以及智能化管理的不断推进，财务管理也面临着转型，这既是机遇也是挑战，而且是实现企业数字化转型的重中之重。同时，企业财务管理的转型是由内部需求为主要驱动，在新一轮的产业升级中，技术的快速迭代与变革，以及政策的扶持与鼓励，都为财务管理的转型做好准备。

一、财务管理面临的机遇

（一）新一轮的产业升级

产业升级是社会发展与变革的重要推动力量，新一轮的产业升级更是促进财务管理转型过程中一个非常重要的因素。在新一轮的产业转型中，当务之急就是对企业的财务工作提出新的要求，即让原来的财务集中转变为财务共享的模式，使财务与业务进行有机的融合，让财务共享服务中心逐渐走向普及，并且为财务管理工作的创新打下坚实的基础。

（二）企业内部管理的升级

企业在发展过程中，会随着市场与业务的发展而不断进行优化，尤其是企业内部的管理工作，往往能最先感受到变革的需求，成为拉动财务升级与变革的另一只手。也就是说，企业内部的管理需求要求财务、业务甚至企业发展战略成为统一体。在日益严峻的经济压力下，企业战略转型和精细化管理、风险管控和优化产业结构的需求都显得更加迫切，而财务管理升级也促使财务管理部门的职能发生较大的变化，进而在推动企业技术创新、管理创新、资源优化配置等方面发挥出重要作用。

当今社会，企业管理正朝着精细化管理的方向快速发展，这就促使财务管理必须适应和满足企业发展的速度。具体而言，就是要加速业财融合、管控升级、消除冗余、自动核算以及提升效率，使财务管理过程逐渐实现标准化、流程化、自动化和智能化，进而推动财务职能的转型。

（三）政治环境的支持

2015 年，为了改善不良产能，扭转低端供给局面，加快调整供给结构，并寻求新的增长点，我国提出深入推进供给侧改革的实施意见。2020 年 10 月，党的十九届五中全会提出，“十四五”时期经济发展要以推动高质量发展为主题。2022 年 10 月，党的二十大报告提出，高质量发展是全面建设社会主义现代化国家的首要任务。在这样的大背景下，企业财务管理理念也随之发生了改变，从原有的程序化的单一管理模式，逐渐向着精细化、风险防控和优化资本结构的方向转型。

（四）新技术的有力支撑

1. 技术推动下的三个阶段

新技术的不断推陈出新，尤其是“互联网 +”时代的到来，使各行各业都遇到了前所未有的发展机遇。具体到财务管理来说，为财务职能的转型和变革提供了强有力的技术支撑，极大地促进了财务管理的升级迭代过程。大体上，这一过程经历了三个阶段。

（1）PC 时代：以单机版的会计电算化为主。

（2）互联网时代：以集团财务支撑企业的规模化经营和管控。

（3）云计算 + 大数据时代：以管控服务型的财务共享和管理会计为代表，在这一阶段，财务管理进入互联、共享、智能的新时代。

经过以上三个阶段，财务管理的模式和工作重点发生了颠覆式的变化，不仅在流程上进行了变革，在财务职能的层面也发生了明显的转变，并逐渐体现出专业化和精细化的特点。

2. 大数据点燃财务管理变革之火

近年来，大数据作为一个热门概念被人们多次提及。大多数人第一次听见大数据这个词，往往会按照字面意思去理解，认为大数据就是大量的数据，大数据技术就是存储大量数据的存储技术。其实不然，按照一般的解释，大数据是指无法在一定时间范围内用常规软件工具进行捕捉、管理和处理的数据集合，是利用新的手段存储并分析海量数据后，挖掘出数据价值的过程。

二、财务共享的特点和优势

作为一种创新的管理模式，财务共享服务具有许多独特的特点，在诸多机遇面前，这些特点将被转化为不可替代的优势。

（一）服务性

财务共享的提出最初是为了加强财务部门对企业的支持和服务，通过整合和裁掉冗余部门，让财务的真实价值得以凸显，从而更好地服务企业的业务部门。因此，财务共享服务的发展，不是财务部门自身发展的需要，而是以更好地服务企业需要为目标，因此，服务性是其最基本的特点。

（二）技术性

共享服务中心很大程度上都要依赖于高效率、高度集成的软件系统和电子通信，财务共享更是如此，它需要更加全面、深入地借助各种先进技术的支持。财务共享服务起源于20世纪80年代，这和当时计算机技术的发展不无关系；那么，近几十年越发凸显出它的高效和优势，这也和互联网、数据技术、云存储的发展密切相关。可以说，财务共享的发展是建立在当今科技发展的基础之上的。

（三）规模性

共享服务管理模式最具吸引力的部分在于，它能够通过合并以前协调性非常差的业务活动来形成规模经济，从而降低企业的交易成本。此外，企业的财务部门具有相对僵化的成分，无论业务发展情况如何，总要设立相应的财务职能部门。然而，随着企业的发展，传统的财务管理模式会越来越臃肿，且效率低下，甚至在某种程度上还制约了企业的快速发展。因此，在这样的背景下，财务共享应运而生，它是规模管理企业财务工作的重要途径。

（四）统一性

共享的前提是具有统一的标准，从而使企业在不同国家、地区以及文化习俗下都能简便地、顺利地实现财务管理工作。共享服务中心之所以能提高效率、降低成本，原因就在于其对集中起来的不同业务单位的非标准化业务流程进行标准化，建立统一的操作模式，运作统一的流程，执行统一的标准，这样既可降低管理成本，又有利于企业的规模扩张。

（五）专业性

共享服务中心是一个独立的商业实体，具有高度的专业属性，只有具备高级专业化知识的人才能胜任。也正是这种高度的精细化和专业化，才很好地满足了客户各种层次的需求。

（六）多样性

传统财务处理的都是结构化数据，即由二维表格结构来表达和展现的数据，如企业中用 Excel 表格来展现的都是结构化数据，会计分录也是一种结构化数据。但是，在财务共享时代，既有结构化数据也有非结构化数据，而且，企业中 80% 的数据都是非结构化数据，这些非结构化数据源于合同扫描件、Office 文档和其他票据文件等。如果使用原有的处理方式就会比较耗时、烦琐，由于财务共享是基于大数据的管理模式，因此，能够处理多种多样的数据信息，无论是数字还是图片，都能高效处理，从而大大提高了工作效率。

（七）时效性

财务共享服务平台的建立，能够让处于全球不同国家、不同时区的人同时享用一个数据，因此，可以得到及时的反馈，这在大型企业里也是一种十分重要的竞争能力。尤其在互联网时代，效率就等同于一切，稍有迟疑和耽搁，就可能会造成业务的下滑和客户的流失，时间就是金钱，在竞争激烈的现代企业之间，争分夺秒是非常普遍的现象。由于云服务的支持，共享财务可以让业务部门和财务主管部门实现零障碍的沟通，这极大地提高了工作的时效性。

三、财务管理面临的挑战

（一）财务人员的转型挑战

1. 知识结构的转型

在社会背景、科技迭代以及企业内部发展需求的多重因素下，财务管理的转型面临着新的机遇。然而，财务管理的改革必然需要财务人员的转型，而原有工作流程下的财务人员，其知识储备与技能都无法满足财务转型的需要。原来的财务人员只要掌握一定的专业财务知识技能，会使用基本的办公软件就可以完成绝大部分的财务工作。而在数字化和互联网+时代，财务管理职能的转变，也意味着财务人员只有拓宽知识结构，掌握更多的新技能，才能胜任更高级、更深入、更全面的财务工作体系。

2. 技术能力的更新

除了意识和理念的改变之外，具体到技术操作层面，当今的财务人员不仅需要掌握财务专业知识和基本的办公软件，还需要熟练掌握数据分析的能力。在大数据时代，只有掌握了数据分析能力，才可以对各行业的商业发展具有洞悉本质的能力。具体到操作层面，则要求财务人员掌握大量的 Excel 公式、规划求解、宏和 VBA 编程的能力，还要能够编写一些基本的结构化语言，如 SQL 语句。信息化应用则包含 ERP 系统的熟练操作，国际上比较知名的有甲骨文，国内具有代表性的是浪潮。

3. 综合能力的提升

当前发展趋势下，企业需要的财务人员是更高级、更全面的高端人才，企业对财务人员的要求是创造更多价值，而不是执行基础的职能，因此，财务人员面临着前所未有的挑战，需要在总体能力上实现跃迁。财务管理人员需要过渡和升级为企业的管理顾问，肩负着识别企业运营中潜在风险的责任，并且具有一定的全局视角、组织能力和策划能力，能够紧跟社会发展的步伐，不断学习和自我更新，不仅要具备专业的研判能力，还应具备综合决策能力、协作能力等。而普通的财务人员则需要成为专业化、精细化的高级人才，肩负起企业快速发展过程中的核心支撑力量。

总之,财务人员的转型与提升将直接决定着企业财务管理的转型速度与质量,这是当前财务人才面临的重要挑战。

(二)发达国家的战略转移

当经济发达国家随着产业升级的推进,他们在全球范围内对其价值链组合进行了优化处理,除了把大部分的设计与研发工作保留在本国之外,而将生产与服务性作业都分批次地转移到发展中国家。然而,随着国际关系的不断变化,近两年来,发达国家有将这部分业务从中国转向越南、泰国等东南亚国家的趋势,但是,工厂的转移只是外显部分,更重要的是管理、财务等工作。为了把这部分的损失降到最低,我们必须从更具有科技含量和技术难度的共享服务角度入手,建立起具有后台支持的共享服务系统,从而实现全方位的碾轧式优势,以促进我国的经济发展。

(三)财务业务的发展顺序

在发展财务共享服务的过程中,需要对所要处理的财务业务进行选择。一般来说,财务业务分为两类:基础业务处理和基础决策支持。需要指出的是,财务共享服务所能提供的服务,尤其是在初期阶段,未必能满足高级财务管理活动的要求,可能更适合提供基础的业务服务。在面对机遇的时候,不仅需要大胆迎接挑战,还需要冷静分析各种利弊和条件限制的情况。需要明确的是,财务共享服务处理的是适合标准化的业务,而对于极具个性化的高级财务管理活动,并不适合使用共享服务的管理模式。

在基础业务中,共享服务被分为基础业务处理和基础决策支持两个层次。其中,业务处理处于阶梯的下层,决策支持则处于阶梯的高层。可见,共享服务提供的是一个阶梯状的服务,从基础服务到高级服务,需要一步一步慢慢发展。

有一个著名的案例。通用电气公司(GE)就曾借助共享服务有效地控制了企业运营。“GE早在30年前就开始尝试共享服务。”GE亚太全球业务服务总经理吉利安骄傲地说道。共享服务为GE节约了大量成本,而吉利安认为有效控制企业运营是其关键的作用。

“整合过的共享服务平台避免了企业部门的重复建设,并使办公程序做到最简化。”埃森哲公司(Accenture)的财务与运营管理部合伙人克里斯·鲁特莱(Chris Rutledge)表示。埃森哲的一份统计资料显示，共享服务能够降低55%的会计成本、45%的报销成本、35%的工资制作成本，这些数字中除了包括减少的劳动力成本外，还包括技术服务部门的基础设施建设，以及各种各样的企业管理费用。

建立共享服务平台的最大好处是控制成本，提高生产率，然而，这并不是GE的最终目的。“GE的目标是希望通过共享服务建立一个正确的基础架构，从而有效地控制企业经营。”吉利安说。GE在财务共享服务中设计了一个很“高级”的应用，GE员工在出差前会收到GE全球共享服务中心(GBS)的一张信用卡，员工在出差期间所产生的费用，全部用这张信用卡结算，第二天消费明细就会出现在GBS的信息系统上，既明晰，又方便结算，CBS在与银行结算时也会更加便捷。这样，公司不仅可以掌握准确、及时的财务数据，还能减少烦冗的申领和报销程序，从而精简组织结构，提高效率。

在GE引入共享服务以来，整个公司在组织、技术和流程等各个层面都发生了改变。如今，共享服务已不再是简单的业务集中。经过多年的摸索，共享服务逐渐发展为把各个支持部门定位为服务供应商。并且，结合其他先进技术的支持，共享服务能够远程提供一系列高质量的服务项目。

“实际上，共享服务创建了一个标准化的服务体系。”吉利安说。在共享服务的系统性管理框架下，GBS把GE公司现有所有空缺岗位进行分析后，直接公布在网上。看到信息的相关人才可以直接填写电子申请表，这些信息会在第一时间被传送到GBS的人力资源部门，所有的申请者会经过统一的审核与测试，最终筛选出最优秀的人选推荐给具体的部门做最后决定。这一功能极大地提升了招揽人才的效率，既减少了招聘程序，又精简了人力资源部门，同时也建立了标准化的企业员工管理。在共享服务的支持下，GE的各个不同业务部门可以同时共享有关人力资源、财务税收、信息系统、物流管理、客户服务和法律事务等方面的服务和资源。

一些早期就发展共享服务的公司，由于具备先发优势，它们已经发展出十分成熟、完善的服务项目。因此，有些公司还对外开放了自己的共享服务平台，为公司创造了新的利润渠道，比如GE的全球共享服务公司GECIS就是成功的典范，其60%的股份已经出售给美国的两个私人证券公司。尽管是盈利的服务项目，但由于成本较大，GE认为这些成本不需要完全在公司内部消化，于是出售了部分股权。GE 认为共享服务为公司带来巨大的收益，但同时他们也不想把过多的精力花费在运营共享服务方面，因此出售股权、与他人共同运营是一个不错的选择。

（四）亚太地区的特殊情况

并不是所有的公司都能建立共享服务平台。埃森哲公司在一份研究报告里，列举了适合建立共享服务平台的企业特征。

（1）跨区域经营并拥有各自独立服务部门的企业。

（2）拥有多个业务领域，且分别具有独立的服务部门。

（3）位于高成本区域的雇员多于低成本地区雇员。

（3）财务交易种类和项目繁多。

（4）管理人员与普通职员的比例偏高。

（5）希望通过并购、合资等形式获得成长的企业。

综观共享服务在全球的发展状况，由于北美地区在技术、语言、文化和法规等方面的优势，因此，共享服务在推广方面显得更有成效、更为顺利。但是在亚太地区就是另外一番景象，发展迟缓且共享服务为企业节约的成本也并不明显，这是因为在亚太地区，劳动力和基础设施的成本本身就已经很低，共享服务所能施展的空间就显得很有限。因此，这其实也是亚洲地区广泛发展共享服务的一个挑战。

但是，不可否认的是，财务共享是大势所趋，不仅仅在于它能够为企业节约成本，同时也是促进企业标准化、规模化发展的重要因素。共享服务的价值还体现在服务水平的提高上，以及高效率的服务模式为企业决策提供更多信息。

由于共享服务都是跨区域管理，企业的首席财务官通常是共享服务中心的监管人，对于一家庞大的企业来说，这很可能又带来管理者的高度控制的问题。为此，企业必须制订一套完备的沟通计划，避免各个部门之间产生沟通、协调方面的问题。

通过提供及时的、准确的、透明的开支信息和成本清算等，财务共享服务能让其他业务部门消除疑虑，从而减少不必要的内耗问题，使企业轻装上阵，为更大的目标而努力。

另外，共享服务还建立了跨项目管理小组，专门负责项目协调与跨项目决策，从而有效避免了不同业务或者项目之间的资源重叠的问题。这也说明了，企业只有达到一定的规模之后，共享服务的优势才能得以凸显。还是以 GE 为例，其 GECIS 在全球拥有 1.8 万名雇员，无疑，共享服务在 GE 发挥了巨大的价值。它不仅为 GE 降低了业务成本，还从整体上优化了所有的业务流程，其标准化服务体系还为运营管理效率的提高立下了汗马功劳，甚至在进入成熟期后，又为公司开辟了新的利润渠道。可见，尽管初期投入较多，但是早一步占领先机本身就是一项非常有价值的投资。

就我国的情况来看，尽管发展财务共享是一项庞大的、系统的工程，要面临诸多的挑战，但是它的回报也是异常丰厚的、值得期许的。

（五）传统财务与业务脱节

传统的财务管理和组织模式一般会分为总部、大区、各业务单元等不同的层级，企业的组织层级越多，业务流程越缓慢，因为需要层层申报，导致企业业务执行效率十分低下。

传统财务管理模式中，财务与业务和交易是明显脱节的，由于财务一直以一种藏身于闺阁之中的姿态，鲜少参与真实的业务交流，这无疑为沟通带来诸多潜在问题，并且还会产生很多冗余的流程环节。

以上都是传统财务模式面临的问题和挑战，为了能更高效地服务企业，以及适应企业发展的速度，财务管理必须改革。

第二节　财务共享的产生与发展

一、财务共享的产生背景

财务共享服务的产生，主要是由于该项服务为企业提供了突出的价值，共享服务为企业提供的服务是多方面的，它不仅体现在财务方面，还同时体现在对人力资源管理、信息服务、后勤、物料管理、客户服务、法律事务服务等诸多方面。因此，共享服务给企业带来的益处也是多方面的，归纳起来，主要体现在以下几个方面。

（一）大幅降低运营的成本

共享服务从根本上解决了降低成本的问题。通过财务共享可以大幅降低成本，它主要体现在资源共享与业务集中的基础之上，比如以往的财务岗位设置中，有大量的人力资源的浪费，不管业务运营的情况如何，也无论财务人员的工作量是否饱和，每个单位或地区都要设置相同的岗位和人员，从而造成大量的浪费。而财务共享则将资源和业务集中进行处理，避免了重复性的设置，在工作量不超负荷的情况下，一个财务人员可以处理几个单位或地区的相同岗位业务，从而节省了人员、时间、沟通、差旅等多方面的成本。

实施财务共享服务之后，对业务流程和规则都进行了标准化管理，消除了多余的、重复的、非增值的作业，极大地降低了成本。

另外，由于共享服务基本上是以数据化和远程处理的方式进行，因此大多数共享中心都建立在成本较低的地区，这在运营层面上也大幅降低了成本。

以美国运通公司为例，最初运通公司有46个业务站，且分布不均，各站点之间存在着系统重叠、效率低下的问题。当时，仅业务处理人员就有4200人，费用高达4亿多美元，该费用占公司运营成本相当大的比例。在推行共享服务之后，运通公司将全球业务处理合并为三个财务中心，从而高度实现了标准化管理，降低了运营成本。仅旅行服务业务，全球员工就减少了1000人，节省成本超过8000万美元，随着业务量的逐年上涨，实现了规模经济效益的提高。

（二）提升服务质量与效率

共享服务的隐含前提是管理和流程的标准化、系统化以及数据化。将原有低效的重复性作业彻底淘汰，替代为简单明了、分工详细的更具效率的工作模式。将传统的会计记账转变为“共享式会计中心”，将人事服务变成“人事管理中心”模式。最大化地降低运营成本，将工作的主要重心放在服务上，一切聚焦于业务发展上。

世界上最大的企业软件供应商甲骨文，用六年时间在全球建立了三个区域化的共享服务中心。如今，甲骨文只需几个工作日就可以完成全球65家子公司所有的年末结账与合并结算，这个数字是我国许多上市公司都无法企及的效率，而甲骨文之所以能够实现如此惊人的效率，主要是共享服务中心的功劳。

（三）促进核心业务的发展

除了降低成本、提升效率之外，财务共享服务还为企业提供了强大的后台支持，将协调内部业务与满足外部客户需求的复杂工作变得简单且可实现。将原来那些烦琐的、重复性强的非核心业务交由共享服务中心运作，这既节省了人工，又提升了效率，使企业可以集中力量专注于核心业务上。共享服务不仅给员工提供了强大的、稳定的支持，而且也大大提升了客户的体验。

（四）加速企业标准化进程

企业的成长与发展必然伴随着标准化的进程。在建立共享服务中心之前，企业或多或少都存在各业务资源分散的问题，许多交叉或衔接业务的操作和流程都各不相同，不可避免地会造成内耗和浪费。而共享服务中心将原来分散在不同业务单位的活动、资源整合到一起，成为系统内统一的整体资源，为企业的业务运营、人力管理等提供了统一的平台，极大地促进了工作效率和服务质量的提高。

共享服务加速企业标准化的例子有很多，比如渣打银行，在建立共享服务中心之前，渣打银行在全球许多国家都设有分公司，而其在各个国家的银行系统都采用不同的电脑管理软件，而各种软件之间的不兼容为财务管理带来了极大的不便。每个银行都以自身需要为中心，选择各自的应用软件，最终造成总部管理的极大困扰，而且，各个分部之间的沟通也存在许多麻烦。在建立共享服务中心时，为了使所有的银行前台输入的数据都能立即为共享服务中心所用，渣打银行重新对各银行的计算机系统进行了检查和整合，并在设计共享服务中心的技术支持系统时，将其作为整个银行系统技术标准化的第一步。

财务共享服务中最先实施的 10 项业务见表 1–1。

表 1–1　财务共享服务中最先实施的 10 项业务

业务内容	百分比
应付账款	83%
总账	65%
固定资产	57%

续表

业务内容	百分比
应收账款	56%
工资	55%
费用报销	50%
财务报告	48%
人力资源	44%
信用管理	43%
客户信息服务	39%

（资料来源：埃森哲全球共享服务业务调查表。）

（五）增强企业规模化扩大

财务共享的推进其实是与人力管理、信息管理同步进行的，它们彼此之间有着相互制约与促进的关系，可以说是一个有机的整体。因此，当企业将财务管理、人力资源、信息管理等职能集中到共享服务中心处理之后，使原本分散、重叠以及闲置的资源进行整合，对促进企业发展新业务带来便利。一个共享服务中心可以为所有的业务部门赋能，而且在建立新业务时也非常方便，从而节省了经济、时间和精力成本，并且，新的业务部门一开始就可以获得成熟完善的财务、HR 等职能部门的支持，这无疑大大提高了效率。

（六）财务共享是对“集中”的升级

共享服务的出现，实际上也是集中服务的一种升级，共享服务和集中服务都是将分散的资源和业务集中在一起进行处理，都存在启动成本和人员转移等问题。但是，两者将资源业务集中的方式、过程和目的大相径庭，更确切地说，共享服务模式更像是一种全面的“整合”，而不是简单的“集中”。相对而言，共享服务是对集中服务的一种升级。表 1–2 列示了集中和共享服务的不同之处。

表 1–2　集中与共享服务的不同点

集中	共享
●一种企业战略	●一种商业经营
●注重集中控制、降低成本	●降低成本、提高效率、标准化、资源整合

续表

集中	共享
●简单集中	●关注流程优化与流程再造
●原流程、标准不变	●一致的标准、流程、系统和模式
●向管理层负责	●以顾客需求为中心
●事务处理者	●服务提供者
●业务单位无选择权	●客户有选择权
●业务单位不参与监督	●客户可参与服务质量的监督
●一般设在总部	●地点选择与总部无关

二、推动财务共享产生的驱动因素

放眼世界，财务共享已经成为一种趋势，甚至在许多商业发达国家，财务共享已经成为一种常态，特别是一些大型的跨国公司，财务共享为很多企业的管理者带来了极大的便利。许多大型企业为何几乎在同一时期都采取了财务共享模式，并很快发展成一种必然的趋势，这背后的真正原因，以及核心驱动又是什么呢？

（一）外部因素

“获得长期竞争优势的唯一方法就是在全球范围充分运用企业的各种能力，使企业整体的运作能够比其各分散部门的独立运作更加有效。”惠而浦首席执行官约翰·惠特曼的这句话几乎道出了全部原因。随着全球化竞争的普遍加剧，企业在规模扩大以及实现国际化增长的过程中，如何在多个市场保持统一、高效的管理机制是每一个企业都面临的问题。在控制成本与快速发展之间找到平衡，已经成为跨地区、跨国企业的重大课题，而财务共享则是一个被实践证实的行之有效的方法。

（二）内部因素

随着全球化的推进，企业的跨国发展已经成为趋势，商业文明可以冲破地域、文化、信仰、民族等各种围墙，为不同国家、地区和种族的人们提供服务和便利。然而，企业在不断发展壮大的过程中，业务的剧增，以及跨地区的管理等都是企业要面临的问题。此时，企业急需一种解决方案，能够快速、高效地将分散在世界各个国家和地区的分部进行标准化的管理，特别是在财务管理方面，对财务共享具有迫切的需求。通过简单的、统一的、标准化的处理，使得企业的管理者能够更为直观、便捷地进行管理；同时，也简化了各个部门之间工作衔接的冗余，极大地提升了工作效率。财务共享通过对企业内部重复性作业的整合，对流程进行再造，节约了成本，提升了效率，于是，各个企业纷纷将财务共享作为企业发展的必要准备。

三、财务共享的发展

（一）世界 500 强公司的推动作用

财务共享服务起源于 20 世纪 80 年代，福特公司是最初建立财务共享服务中心的企业，经过几十年的不断发展，共享服务中心和外包已经为 90% 的世界 500 强公司所广泛接受和使用。尽管很难说究竟是财务共享带来了整个共享服务和服务外包的发展，还是共享服务推动了财务共享的升级，但不可否认的是，财务共享始终都是共享服务中至关重要的组成部分，也是共享服务中不变的主题。财务共享服务起源于西方，传入亚洲的时间虽然较晚，但很多大企业的组织流程改进，实质上已经采用了共享服务的思路。

通过财务共享，企业有效地将分散在不同业务单位的财务整合到一起，采用统一的标准、规则和运作模式，这对业务的快速发展创造了更多的便利条件，也为业务创新做好了准备。在基础业务中，共享服务被分为基础业务处理和基础决策支持两个层次，这两个层次以阶梯状分布，即总账管理、应付管理、应收管理、资产管理是目前财务共享服务中实施最多的业务。其中，从应付管理中衍生出来的费用报销服务是近年来财务共享服务的热点。

一般地，企业在实施共享服务时是从财务服务开始的，而财务共享服务中又从阶梯的底层，即应收 / 应付做起。

2011 年，中兴通讯与 CIMA 合作对国内实施财务共享服务的企业进行了调研。结果显示，财务共享服务的业务范围包括了会计核算的全业务，如应收、应付、资产、费用等会计核算工作，部分受调企业已经将财务管理中一些标准化程度高、具有重复性、周期性特点的业务纳入了财务共享服务中心运作。

（二）随着技术的发展而发展

财务共享服务从孕育到诞生、从成熟到发展，一路上伴随着财务管理模式的变革，一共经历了分散、集中、共享、外包四个阶段。就目前的发展趋势来看，科学技术的迭代日新月异，而且科技始终是推动社会发展的核心力量，财务共享的发展也将会随着技术与社会的发展而不断取得新的突破。

（三）财务共享服务的持续改进

1. 从优秀到卓越

财务共享服务的实施，是企业标准化管理和实现规模化的重要条件。当企业的财务管理模式实现了从传统到创新的转变，企业便会获得更加有力的发展势能。同时，随着企业的发展，对财务共享服务也在持续地优化和改进中，这又使财务管理模式实现了从优秀到卓越的飞跃。然而这一过程应该像细水长流般永不停息，需要持续变革的信念和决心。

企业的发展包括对业务领域的拓展，对组织结构的调整，对战略目标的优化，经过一系列的管理变革，才能建立一个较为有效的财务管理系统。然而必须指出的是，希望通过一次变革就能建立起一个稳定的、完善的财务共享服务中心是不可能的。因为企业一直处于动态的发展过程中，社会发展也一刻不曾停息，技术突破更是争分夺秒，所有这一切都注定了财务共享服务不可能是一成不变的。实际上，财务共享服务中心的构建，是一个持续演进的过程，企业的管理者和经营者，以及财务主管人员需要具备持续改进的意识，以及敏锐的洞察力。财务共享服务自身具有特殊的生命力，它的完善要建立在不断优化的机制上，一经开始就不会有停息的时刻。但这个过程并不是革命性的，也不会特别引人注目，而是不间断地实践和尝试，逐渐构建出一个充满活力的共享服务中心。

2. 建立长效的优化体系

一个健康的、充满活力的财务共享服务中心，应该始终处于动态的发展过程中。财务共享服务中心的发展并非偶发性的波动改进，而是持续地、主动地、不间断地进行的，它同时兼具计划性、组织性、系统性和全员性的特点。当然，财务共享服务中心的持续改进工作，并非靠个人的力量推动，它需要建立一套长效的支持性优化体系，在不同的维度以及角度对整个企业的运营提供支持和优化措施。

在系统的维度，管理层、执行层都属于系统的一部分，它们分别代表不同的角度，考虑的问题也处于不同的维度，这为优化和建设共享重心创造了有利条件。通过一个支持性系统的建立，企业员工和客户能够在一个良好的沟通平台上实现互惠互利，提升工作效率和用户体验。在支持性系统的督促下，可以定期召开系统讨论会，进而建立系统版本的优化机制，针对不同业务部门的需求，还可以建立分层级的培训体系，为员工的持续发展提供合理的支持，从而为企业带来更加高效的服务。

在企业制度的维度，同样需要创建长效的制度优化机制，使企业能够定期评估制度的有效性，发现制度是否已经出现滞后的迹象，并随时更新制度版本等。

在质量的维度，项目人员可定期对上下游质量节点进行评估，发现存在的问题并提出改进方案。项目人员需要保持一定的敏感度，随时发现零星出现的问题，以及关注系统优化的各种可能性，并保持积极的态度。

总之，财务共享服务的发展需要长期、持续地改进，它是一种积跬步以至千里的行为，贵在持之以恒。相信持续改进终会带来惊人的效果，保持坚定的信念，是确保财务共享服务中心长期、健康、稳定发展的基石。

（四）共享服务在全球的分布

综观全球，财务共享服务无论在深度上还是广度上都得到了广泛而充分的应用，尤其是在一些大型和超大型企业中，财务共享得到普遍的接受和认可。近些年来，财务共享服务已经逐渐地由发达国家向发展中国家传播开来。

根据埃森哲的一项调查表明，在全球共享服务领域得到最多应用的是财务业务。其中，应付账款业务实施比例占 83%、总账业务占 65%、固定资产管理占 57%、应收账款占 56%、薪资支付占 55%、差旅及费用报销占 50%、财务报告占 48%。这些数据表明，财务业务是企业共享服务业务的重要组成部分。

就财务共享在我国的推进情况来看，目前仍处于比较初级的阶段。大多数人对财务共享的概念还十分陌生，绝大多数企业还沿用传统的财务处理模式。然而，随着全球化的快速推进，我国本土企业要想顺利地进军国际市场，并在竞争中获取竞争优势，实施共享服务将会是最优质的助推器。

服务外包模式已经在全球范围内广泛地存在，其中，财务服务的外包正逐渐成为一种趋势。通过观察发现，财务服务外包是全球业务市场的重要部分，在这方面，印度比我国要先行一步。这得益于印度具有大量的廉价人力资源，并具有相当的语言优势，因此，印度迅速占领了欧美财务外包业务的主要份额。在印度的班加罗尔，随处可见跨国公司建设的共享服务中心。

与此同时，东欧也在外包服务领域发展迅速。在国际市场上有一个不成文的习俗，美国倾向于向印度外包业务，而西欧则更多地转向一些东欧国家，并有人将中东欧比喻为欧洲的班加罗尔。但是，近些年来，美国公司也出现了倾斜，它们也越来越多地将外包服务投向东欧国家。比如，IBM、戴尔、摩根士丹利等公司已经开始采取行动，但东欧的外包市场规模较小，仅占全球外包市场的5‰左右。

在我国，大连、天津等城市是最早提供共享服务的代表城市。GE、HP、Accen-ture等公司在大连建有共享中心，天津曾是摩托罗拉在全球最大的财务共享服务中心。如今，其他城市也陆续跟进，向美国、日本等国家提供各类共享服务业务。

（五）以提升客户满意度为导向

共享服务是将企业分散的、重复性的作业整合到共享服务中心统一处理，这不仅减少了业务部门的重复性劳动，而且也提高了支持部门的效率，为企业集中精力和时间专注于高增值的核心业务做出贡献。说到底，共享服务就是一种商业经营活动，其根本目的就是为企业降低成本、创造价值，同时为提高客户满意度，为提升企业的竞争力做出努力。

无论是生产型企业还是服务型企业，最终都是以为客户和消费者提供优质产品和服务为终极目的。共享服务在初期的使命，是为企业降低成本、提升效率，从而增强企业的竞争力，然而，随着社会的发展以及企业的不断进步，最终一切努力都将直接或间接地以满足客户需求为导向。共享服务是商业经营，其运作活动必须以顾客需求为导向，通过与客户签订服务水平协议，明确服务的内容、期限、质量等，向顾客提供及时有效、质优价廉的服务，以便与其他服务供应商竞争。因此，客户的满意度将直接影响企业以及各个部门的发展，在共享服务中心模式下，业务部门和外部客户都有机会参与对共享服务中心的监督，同时，也督促着共享服务中心长期的、持续的发展。

（六）共享数据的智能财务体系

随着信息技术的发展，财务共享作为管理会计的“基石”，正面临定位与价值的全面刷新。在大数据、云计算、互联网、人工智能等技术的渗透下，领先企业正在积极探索和建设以数据共享为核心的智能财务体系。财务共享服务中心连接着前、后台部门的运营和数据中台，承载着智能共享服务、智能管理会计和智能数据分析等功能，在新技术驱动下，推动企业构建智能财务体系。

这是财务共享发展的高级阶段，覆盖着企业绝大部分的业务系统，是企业强大的业务中台和数据中台，为公司提供更多的可以随时调用的业务支持。大量的业务交易产生大量的实时数据，使共享中心成为集团级数据中心，共享中心集成核算数据、预算数据、资金数据、资产数据、成本数据、外部标杆数据等，为数据建模、分析提供准确、全面、系统的数据来源，成为企业业务的调整依据和决策依据。

第三节　财务共享的必要性及其影响

一、财务共享的必要性

财务共享服务中心需要建立强大的网络系统，需要强大的企业信息系统作为 IT 平台，只有利用现代的 IT 技术，才能使企业集团的财务共享服务真正落到实处。当前，我国正处于“互联网 +”和大数据的变革时代，如此，会计集中核算平台升级为财务共享服务中心就有了技术基础，而当前电子发票制度的实施更为财务共享服务中心的落地实施创造了可能。

（一）国家政策提出了要求

早在2013年，财政部就印发了《企业会计信息化工作规范》。其中，第三十四条规定：“分公司、子公司数量多、分布广的大型企业、企业集团应当探索利用信息技术促进会计工作的集中，逐步建立财务共享服务中心。”这一制度为我国大型企业集团建立和实施财务共享服务提供了重要的政策依据。财政部在2014年颁布的《财政部关于全面推进管理会计体系建设的指导意见》明确要求企业应推进面向管理会计的信息系统建设，提出“鼓励大型企业和企业集团充分利用专业化分工和信息技术优势，建立财务共享服务中心，加快会计职能从重核算到重管理决策的拓展，促进管理会计工作的有效开展”。国务院国有资产监督管理委员会（以下简称国务院国资委）早在《关于加强中央企业财务信息化工作的通知》中要求“具备条件的企业应当在集团层面探索开展会计集中核算和共享会计服务”。

这一系列政策的出台，都为我国大型企业指出了明确的发展方向。有了大方向，就要具体地讨论财务共享服务中心的建设标准、财务共享服务中心的适用范围等这些核心问题，尽管国家还没有给出详细的指导，但是企业已经开始根据自身实践中的经验展开探索，为全面的财务共享服务中心的建立和开展做出了准备。

虽然，财务共享服务中心建设强调“标准化”，但不同行业的企业有不同的情况，其行业特征决定了其实施路径存在很大差异。国家简政放权的改革方向，就是要鼓励企业自觉发展适合自身行业特性的创建模式和发展路径，促进良性的市场竞争，国家鼓励百花齐放，最终成败则交给市场来检验。

（二）财务共享是大势所趋

共享服务出现于20世纪80年代的美国，很快又传到了以西欧为主的欧洲国家，大量的事实证明，共享服务在绝大多数情况下都取得了成功，被认为是财务职能部门的关键要素之一，这是“大势所趋”，任何拥有多个后台办公财务职能部门的组织，都能从财务共享服务中受益。展望未来，财务共享服务能确保企业整合财务处理流程，甚至还能不断地产生商业效益。

（三）助力企业的规模化发展

财务共享发展至今，已经有几十年的历史，在西方发达国家，特别是那些最为成功的企业里已经得到充分的验证。因此，只要全球化发展的趋势不变，大型企业要想走向世界，进行多元的、深入的发展，开展财务共享是绕不过去的一个议题。因为不管何时，企业的发展都离不开降低成本、提升效益两个目标，而财务共享是通过验证的、能增强公司灵活度和标准化的有效手段。

在企业扩大规模的发展中，财务共享也会起到助推作用。为企业实现快速增长、开拓新市场以及收购后的管理带来多种便利和可靠的支持。

一些财务管理者选择在公司内部进行转型，或者引入“精益管理”“六西格玛”等手段，再结合相关的组织架构进行重新配置，还有一些财务管理者则采取了改变业务模式等更加激进的手段。

在过去的十几年里，越来越多的企业财务管理者将共享服务作为实现发展和变革的首要策略，他们一直在考察各种服务交付模式，考察如何降低成本、精简人员，通过有效的方式释放出更多的资金，以及为业务部门提供更优质的服务。事实证明，在美国，越来越多的大型企业都在采用共享服务模式来支撑其财务和会计部门的运作。

（四）企业急需战略型财务

对于大型企业、企业集团来说，通过建立财务共享服务中心的方式，可以将会计基础核算等低附加值的作业劳动集中起来，基于流程再造和IT系统整合，可以最终提升会计核算业务处理效率。通过建立财务共享服务中心，企业不仅提升了会计核算处理的效率，降低了成本，加强了管控，更为重要的是，通过建设财务共享服务中心，企业会释放大量的财务会计人员，让他们从大量低附加值、重复、劳动力密集型的基础核算工作中解脱出来，从而集中精力去从事所谓的业务型财务和战略型财务，实现财务与业务、战略的一体化，让管理会计真正落地实施，实现财务为企业增加价值的目标。

（五）财务会计转型的需要

传统的财务会计专注于会计核算，随着数据时代的到来，很多财务工作会被越来越智能的技术和软件所替代，这也为财务人员进行转型升级提供了一股强大的推动力。公司在发展过程中，更加需要的是能够在管理决策层发挥作用的财务人才，而不是简单执行会计职能的普通技术人才，并且，随着办公软件的智能化发展，很多基础性工作都可以交给计算机来处理，那么，原来的基础性财务人员则面临着要么被淘汰、要么奋起突破，实现自身技能升级的转变。人的发展必须适应时代的趋势，在财务共享已经逐渐成为大势所趋的关头，财务人员也迫切需要向着财务共享的方向努力，并从中找到适合自身发展的位置。在这样的背景下，许多财务人员纷纷从财务会计转型到管理会计，这是当前我国会计领域变革的重大趋势。

二、财务共享的影响

（一）加速了企业的组织改革

企业必须认识到财务职能部门只有在不断演变的过程中才能为公司的全球业务提供支持，财务是公司内部最为重要的支持部门，牵一发而动全身，甚至在某些时候具有决策权。通过改进财务管理模式，带动企业进行一系列的组织架构改革，目的是确保企业的业务流程、人员管理以及客户服务都能与财务管理更为融洽，避免冗余与内耗，使每一个环节都更为简明。因此，通过财务共享，企业在诸多层面都产生了改进和优化，以确保整体运营更为有效。这也无疑推动了企业的标准化进程，为日后的进一步发展创造了条件。

（二）通过改变规则快速取胜

实际上，财务共享服务可以支持公司实现很多目标：从“快速取胜”到“成为改变游戏的人”，从中受益的远远不止财务职能部门。并且，在“改变游戏规则”之后，公司的各个职能部门都更为精简，工作效率倍增，形成了一个积极的正向循环。

还有一些企业更具战略眼光，试图一步到位地建立一套全方位的共享服务业务，从而让整个企业实现远大目标。

（三）激活其他职能部门的活力

财务共享对整个企业的意义是十分重大的，其影响也非常广泛，会随着时间的推移而逐渐显现。最先从财务部门开展的共享服务，也激活了企业其他职能部门的潜力，并且财务共享还实现了在其他部门之间牵线搭桥的功能，从而轻松整合了业务的“前端”和“后端”。这种跨部门的协调方式有助于更快地为企业创造更多的利润。这不仅提升了财务部门的服务绩效，而且还使整个公司内部实现了“财务联通”。在一个核心部门的带动下，激活了整个企业的潜在活力，并逐渐地建立起全面的共享服务。

（四）对业务外包服务的带动

需要指出的是，财务共享服务作为企业的核心，鼓励和带动了其他职能部门的共享和外包服务，从而对促进企业的发展起到一定的带动作用。财务共享不一定只在公司内部开展，也可以外包出去，对于一些企业来说，共享财务外包也许是更有利的选择。但是，这里有必要梳理一下共享服务外包和业务流程外包的区别，业务流程外包是指企业将非核心的业务外包给外部供应商。外包与共享服务的相同之处在于共享服务也存在外包，它们都是将一系列工作交给一群专家，由他们运用创新的、专业化的方法集中精力提供解决方案。但传统的业务流程外包是单纯地将业务外包，而共享服务外包是对原有业务、流程进行优化整合，从而达到降低成本、提高效率和进行标准化的目的。

共享服务外包与业务流程外包的具体区别如下（见表 1–3）。

表 1–3　共享服务外包之比较与业务流程外包

共享服务外包	业务流程外包
●业务、资源的整合	●业务的简单转移
●降低成本、提高效率、标准化	●提高效率、降低成本
●关注流程优化与流程再造	●简单集中
●一致的标准、流程、系统和模式	●原流程、标准不变
●以顾客需求为中心	●向管理层负责
●服务提供者	●事务处理者
●客户有选择权	●业务单位无选择权
●客户可参与服务质量的监督	●业务单位不参与监督
●地点选择与总部无关	●一般设在总部

（五）降低了企业发展的成本

财务管理者最重要的使命之一，就是提升企业的生产效益，降低成本。以较少的投入换取更多的回报，是企业经营的首要目标，然而这并非容易，对于一家庞大的企业而言，这往往是一项较为烦琐、复杂的系统。然而，通过财务共享的实施，极大地推进了企业的标准化流程，使降低成本变得更加简单明了。它不仅大大地提高了财务流程的透明度，而且，对过程中如何加强配合及增强杠杆都变得更具可控性。而这一切都得益于财务共享在“流程标准化”这一方向上的改进和优化。正如可口可乐公司的帕特里克·范安霍尔特（Patrick van Hoegaerden）所说：“我们的出发点就是要简化流程。”

与此同时，财务管理者也敏锐地注意到，相对于完善的流程所带来的成果，公司实际上并不太关心流程本身。而这些成果包括：更多的现金、更多的信息以及更多的服务。金佰利公司的 Simon Newton 提出：“共享服务和外包是否能帮助企业表现更加出色？更优秀的人才和优质的服务真的能创造更多价值吗？”

但是，简柏特公司的帕尔·亨森（Paseal Henssen）和凯捷公司的克里斯·斯坦科姆比（Chris Stancombe）有更为深刻的观点。他们两人都认为，尽管流程的规模化实现了成本的节约，但更重要的是财务管理者从一开始就站在了一个战略高度上进行考虑，从而为公司的开源节流给出见解，这是降低成本的真正原因。

但是，不管怎样，通过财务共享实现降低成本、提升效率是所有财务管理者的共识，这无疑也是财务共享服务所带来的最直观的影响。

（六）提升了对供应商的鉴别

通过财务共享服务平台的建立，财务管理者发现，公司的供应商的产品和服务的优劣可以更为直观地进行比较，并且得到多维度的、全面的数据支持，从而对企业的供应商有了可以量化的鉴别。比如，一些供应商多年来提供的服务都没有改进，而其他人却在逐年提升，由于这种变化是不容易被察觉的，因此，企业并不知晓，但是，如今反映在后台系统中却是一目了然的；还有些供应商是优秀的运作者；另外一些则更注重战略布局，他们的不同特性都在不同程度上影响了企业的发展和决策。这些从后台获得的异常珍贵的信息，不仅帮助企业更加科学合理地选择供应商,而且也成为企业未来选择合作伙伴的重要依据。

当然,不同的企业在不同的发展阶段,所看重的品质也不尽相同,同时,企业获得的信息也处于发展变化中。通过财务共享服务中心的数据,企业可以根据自身的情况进行选择和取舍。比如,Marsh & MeLennan 公司的乔安娜·雷诺斯(Joanna Reynolds)认为:“我们选择供应商主要看中的是他们的灵活性,以及能否提供适合我们公司的企业解决方案。”

IBM 公司的奥斯丁·梅杜萨(Austen MeDonach)指出,不同行业的复杂性各异,需要具体问题具体对待,而这一过程需要繁杂的计算和分析,如今可以从财务共享服务中心获得有利信息。

埃森哲的阿努普·萨格(Anoop Sagoo)表示:“一些企业只想把供应商放进条条框框里,这种关系会令他们更加放心。”而凯捷咨询公司的克里斯·斯坦科姆比(Chris Stancombe)却认为,企业与供应商之间存在着相互促进或相互制约的关系。如果能够得到更有力的信息来促进这一关系向着更加积极的方向发展,那么双方将共同获益。阿奴普(Anoop)认为,供应商应根据客户需求及时调整能力,他说:“好的供应商应了解公司的当务之急,并明白这种需求会随着时间而变化。”

由此可见,企业在与供应商的合作和互动过程中,实际上带来了多方面的影响,也产生了多种可能性,但是只要是积极的、双赢的互动,不仅对企业鉴别供应商带来帮助,而且还会对供应商的发展产生推动力,从而实现稳定的、共同发展的合作关系。财务管理者不仅要对供应商的能力进行鉴别,而且还要提高警惕以防被他们裹挟而影响了自身的发展。但是,所有这一切都并不是靠人为的主观判断做出的决策,而是建立在可靠的数据之上,是财务共享服务中心提供了强大的后台支持。

(七)促进彼此更流畅的沟通

虽然,绝大多数的企业管理者都强调,良好的沟通在企业经营过程中具有重要的作用,但是,良好沟通本质上并不是基于良好的口才或者过人的情商,实际上,真正有效的沟通是建立在合理的机制以及准确的信息之上的。然而,财务共享为企业开创了一个新天地,即公司不同部门、不同级别的人都能够站在一个信息公开透明的情境下进行沟通,于是,避免了许多干扰因素,使工作效率剧增。

财务工作面临的挑战在于,企业实际上并不那么关心流程,更多的是关心结果。但是，财务流程往往会对结果具有决定性的影响。因此，财务共享服务中心的存在，实现了让流程简化、让结果透明这一“双赢”局面。当流程建设得无可指摘时，人们只需关注结果即可。并且，除了财务职能部门，其他部门的各个层级的人员都可以平等地“就事论事”，使内部沟通十分畅通和简单。

这对于企业能够快速做出决策也带来帮助。正如壳牌的乔治·欧康奈尔（George Connell）所说：“为策略命令争取到来自高层的支持对变革的顺利推行很关键。”也就是说，一个普通的员工只要有了关键数据，那么说服领导并获得决定性的决策将变得十分简单。这绕过了重重障碍，使原本存在的各种人际、层级、信任等会带来阻碍的问题一扫而光，让工作和沟通变得更加简单明确。

对于一些跨国的巨无霸型公司而言，公司内部的沟通还涉及地域和文化的干扰。公司的员工来自世界各国，不仅仅是语言的不同，而且思维方式、宗教信仰等各个方面都存在差异，这都有可能会成为沟通的障碍，但只要通过标准化、简单化的共享系统，以上的问题都可以迎刃而解。对文化差异、性别差异、宗教差异等都能顺利跨越，毕竟，无论人员来自什么文化背景，数据是全球通用的语言，这令具有不同文化接受程度的人都能够轻松地表达与沟通，大大地提高了沟通的效率。

（八）改善客户的服务体验

在财务共享的推进过程中，除了企业自身直接受益之外，另外一个显著影响来自客户的反馈，许多服务性企业都明显地改善了企业的服务质量，得到客户更多的认可和支持。就像联合利华的克里斯蒂安·考夫曼（Christian Kaufmann）所说的那样：“站在供应商的视角来看，他们最主要的目标就是确保你这个客户不会流失。”反过来，企业最在乎的也就是确保每一位客户都能得到满意的服务，这样，客户不仅不会流失，还会产生深度的认同和连接，甚至还会为企业带来新的客户。在培生集团看来，“文化契合度”和“爱之深，责之切”是他们服务客户时最在乎的事情，很显然，这是一种合作关系。对于企业来说，发展公司的文化诉求不仅仅体现在业务层面，它甚至从财务共享的推进过程中就能获得有力的支持。由于财务共享带来的系统化和标准化管理，可以在后台对很多业务进行更加直观的支持，从而提升业务执行的质量。

当然，无论是认可还是信任，都是随着时间慢慢积累起来的。“要在公司内部建立信心和信任感，打开他们的眼界，向他们证明我们可以做到什么。”IBM 的奥斯丁·梅杜萨认为，“看看那些与我们合作时间最长的客户，毫无疑问改变是一点一点发生的。信心终将建立起来，专业知识终将积累起来，风险也终将被降低”。

通常情况下，信任会由于某个客户不切实际的期待而受到影响，同样地，客户也会因为企业提供意想不到的服务而瞬间产生强烈的好感。有了财务共享这一强大、稳定的后台支持，企业就能够逐渐获得更多客户的认可和支持。

第二章　财务共享战略

财务共享战略定位是财务共享服务中心的灵魂，涉及战略目标选择、战略结构优化等内容。战略定位在整个财务共享服务中占主导地位，对财务业务流程、财务组织人员、财务信息系统等的方向与举措起着决定性的作用，对共享服务中心的定位和发展意义重大。本章就对财务共享战略定位与战略结构优化展开分析。

第一节 财务共享的战略定位

一、财务共享的战略定位调整

财务共享服务中心发展至今已有三十多年的历史，国内最近一次共享中心建设热潮是在国务院国资委和财政部的引导下形成的，以国有大中型企业尤其是央企为主，将共享中心的建设推向新的高度。企业在建设共享中心时，不再将追求成本效益因素作为第一要素，而是在加强财务管控、降低运营风险的前提下，进一步完善财务管控体系。所以，国有企业在建设共享中心时，在共享中心业务选择、选址、流程标准化、规范化，以及信息系统等方面都有不同于以往的要求，从初步的摸索尝试，到管理软件企业与客户协同推荐，再到企业的自主创新，我国本土企业财务共享服务在历经近十年的发展后进入快速增长阶段。“管控服务型”财务共享成为企业建设财务共享服务中心的核心动机和价值体现，与单纯的服务型共享中心在发展背景、价值创造、组织定位等方面均有所差异。

2015 年，北京国家会计学院在中国大型企业集团财务共享服务中心建设情况调查报告中，关于财务共享服务中心定位的调查结果显示，多数企业在建设财务共享服务中心时，重点考虑集团管控与会计服务并重。

二、财务共享服务中心的战略目标

战略目标是对企业战略经营活动取得成果的预期。战略目标并不是固定不变的。不同的企业在构建财务共享服务中心时，会根据自己的需求设立不同的战略目标，并且即使在同一企业，时期不同，可能设置的战略目标也不相同。

一般来说，企业建立财务共享服务中心的战略目标要考虑三点，如图 2-1 所示。

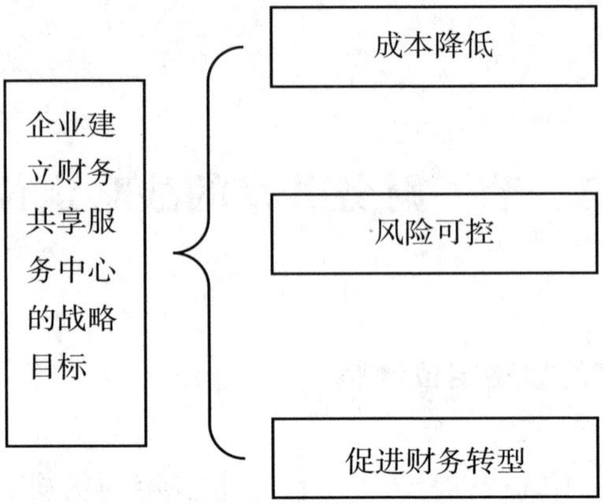

图 2-1　企业建立财务共享服务中心的战略目标

在成本降低这一战略目标下,财务共享服务中心通过对资源加以整合,实现成本降低,进而提高效率,对企业的财务职能加以巩固。

在风险可控这一战略目标下,财务共享服务中心应该加强内部控制,加强风险管理,实现对财务有力的管控。

在促进财务转型这一战略目标下,要求推进财务共享服务模式的变化,促进财务人员的进步与发展,使财务流程发生变革,以不断提升财务部门的能力。

具体来说,如图 2-2、图 2-3、图 2-4 所示。

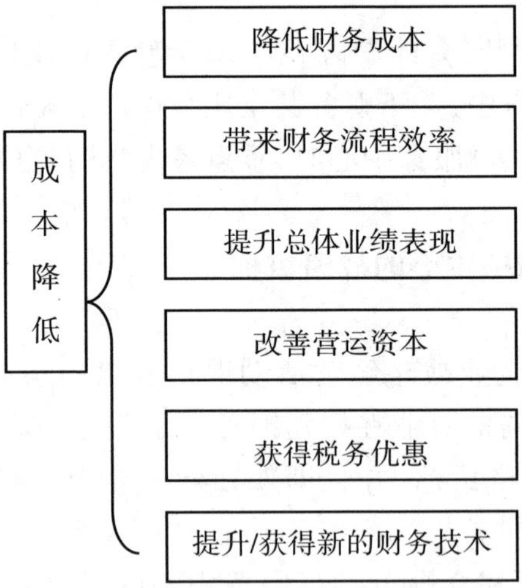

图 2-2　战略目标——成本降低

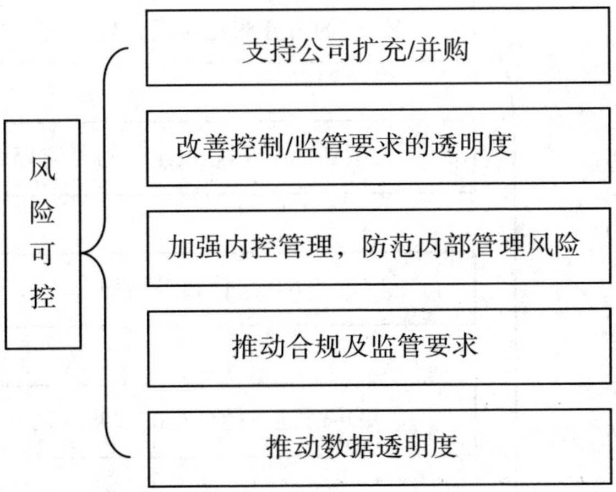

图 2-3 战略目标二——风险可控

企业最终选取什么模式，最主要的动力因素在于“在某一特定时间点，公司需要什么，鉴于这种需要，公司会选取恰当的模式”，不同企业所面临的内外环境不同、发展阶段不同，所选择的财务共享服务战略目标也会有不同的侧重。欧美国家的很多企业多追求降低成本，因此乐于选择印度、中国等共享服务中心处理财务工作；国内很多企业为了加强财务风险控制，优先选择在总部建立共享服务中心；还有一些企业的目标不仅是追求财务流程运作的顺畅，还要追求创造一种新模式，这样便于管理公司。

这三个目标并不是孤立的，只是不同企业选择的侧重点不同而已。同时，财务共享服务战略目标不同，决定着财务共享服务的具体业务目标也不同，具体如图 2-5 所示。

（一）国际企业财务共享服务中心的战略目标

通过对国外企业进行调查研究发现，当前国际企业财务共享服务中心的战略目标排在前三位的分别是提高财务流程效率、降低财务成本、提升总体业绩表现。之后，还有提升财务部门能力、提升财务的服务质量。与未采用财务共享服务的企业相比，采用财务共享服务的企业更加注重其带来的降低成本的好处。

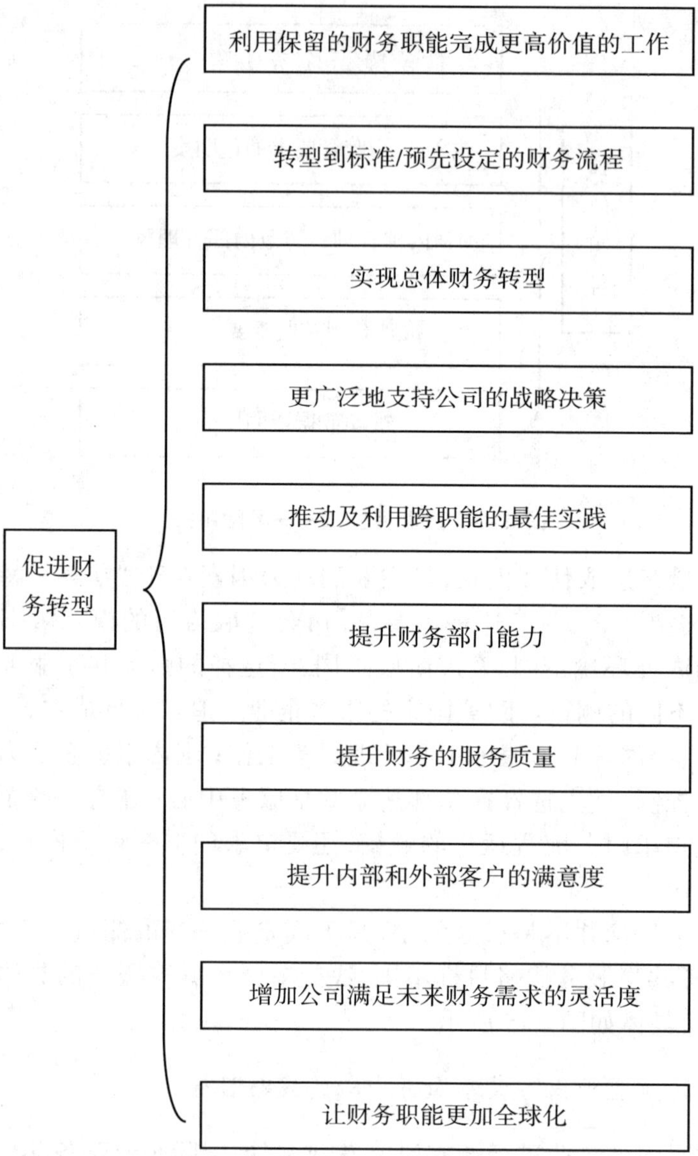

图 2-4　战略目标三——促进财务转型

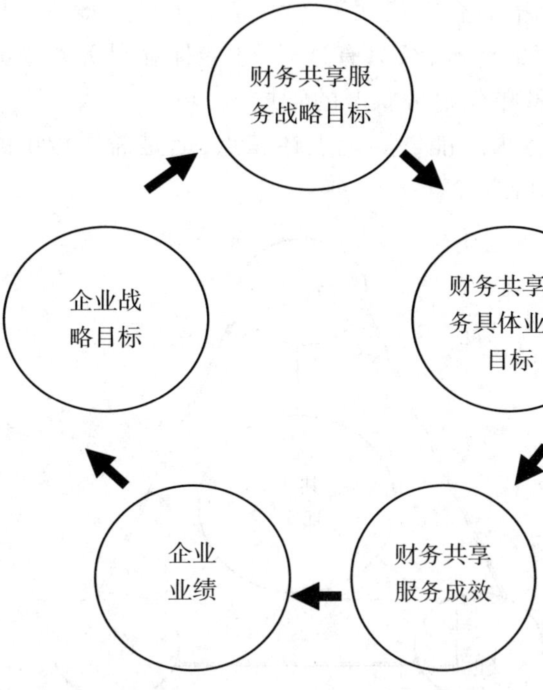

图 2-5　战略目标与具体业务目标

1. 降低成本，提高效益才是共享的主要原因

在欧美企业看来，效益是最初的出发点。

企业采用财务共享服务，首先考虑的就是提高自身的效益，能够以较小的投入获得更大的利润。

其次，利用标准化流程来提高效益，一是这一流程可以降低财务成本，从而快速提升财务盈利曲线；二是这一流程能够使财务操作更简易化，从而提高财务透明程度。

2. 在效率、管控与统一标准之间获取平衡

很多专家指出，在效率、管控与统一标准之间需要获取一种平衡。[①]

第一，效率。要在行动分配上提升效益以及有效性。

第二，管控。要把握一定的平衡，不仅要控制自身的力度，还不能对公司造成束缚。

① 陈虎，孙彦丛．财务共享服务[M].2 版，北京：中国财政经济出版社，2018.

第三，统一标准。企业集团财务要基于合理范畴，实现标准的一致性，确保财务制度的标准化，只有这样，才能保证财务业绩的可比性，以及实现对各个业务单位财务状况的管控。

财务共享服务模式能够实现上述三点，但是需要指出的是，一定要把握三者的平衡（见图 2-6）。

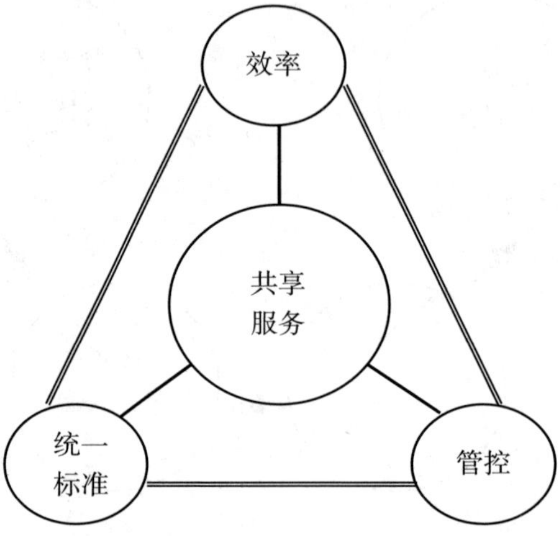

图 2-6　效率、管控和统一标准之间寻求平衡

（二）我国企业财务共享服务中心的战略目标

在战略目标上，我国企业将更多的精力放在实现流程化、标准化作业层面，以应对企业的扩张，通过将财务操作业务与管理分离，实现财务的转型，并且一定程度而言，可以降低财务运行成本，更好地实现财务共享服务。对于国内企业来说，降低成本并未占据财务共享服务中心的首要地位，而是非核心业务的合规化、标准化，以及实现更好地管控、提升财务效率占据了主要地位。

国内外企业实施共享服务的目标比较（见表 2-1）。

表 2-1　国内外企业实施共享服务的目标比较

国外企业实施共享服务的目标	国内企业实施共享服务的目标
提升总体业绩表现	实现标准化、流程化作业模式，使企业能够灵活地应对业务扩张以及市场的波动
提升财务服务质量	通过将基础职能与管理职能进行分割，将企业精力进行释放，从而聚焦核心业务

续表

国外企业实施共享服务的目标	国内企业实施共享服务的目标
推动数据透明度	通过对选址进行合理规划、对业务流程进行再造，从而优化信息系统，实现人工成本的降低
转型到标准 / 预先设定的服务流程	帮助企业实现组织革命，加快企业的转型发展
提升财务内外部客户满意程度	建立企业知识库，帮助企业降低税务风险等

第二节　财务共享服务战略结构的优化

一、财务共享服务中心的三种战略结构

所谓战略结构，即财务共享服务中心的结构性定位规划。战略结构不同，直接影响着财务共享服务中心的战略定位、管理程度以及业务程度。无论采用什么样的战略目标，共享服务中心的战略结构选择都不能逃离实际的问题，即具体问题。根据面向客户提供服务所涵盖的领域不同，财务共享服务中心的战略结构模式主要有三种（见图 2-7、图 2-8、图 2-9）。

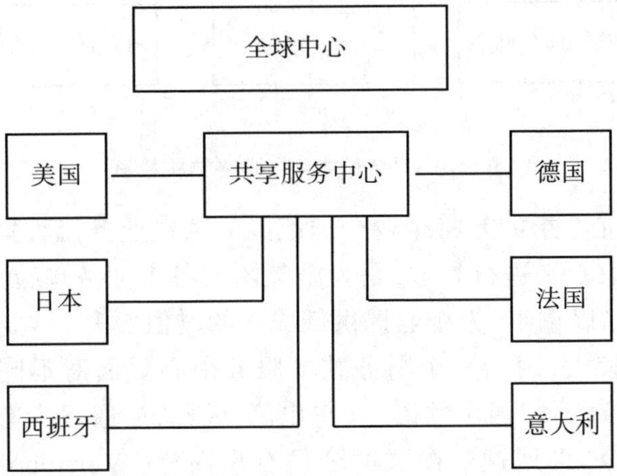

图 2-7 "全球中心"战略结构模式

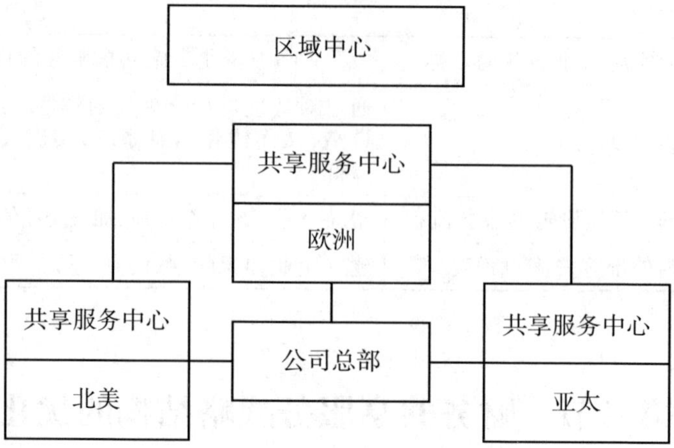

图 2-8 “区域中心”战略结构模式

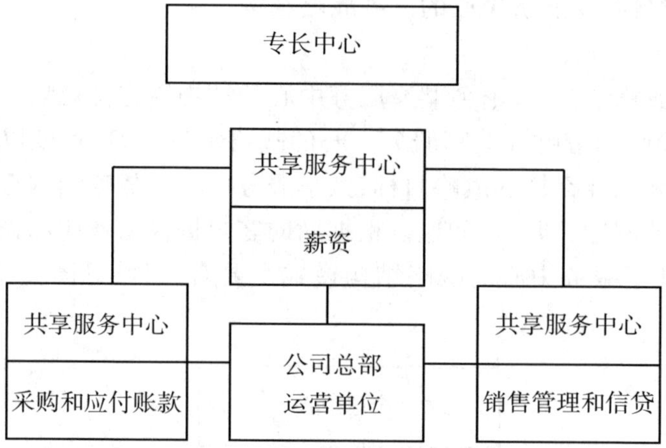

图 2-9 “专长中心”战略结构模式

“全球中心”指的是将企业全球范围的某些业务流程集中于一个全球共享服务中心来进行处理，是为全集团的各个业务单位服务的，通过对业务流程加以重组，为企业提供低成本的增值服务。① 这一战略操作起来难度比较大，因为一个财务共享服务中心要面对不同国家的法律法规，以及面对不同国家的语言、文化等，因此，一般很少有企业采用这一模式。至今，采用这一模式的公司有惠而浦（Whirlpool）、数据通用

① 陈平．财务共享服务［M］．成都：西南财经大学出版社，2020.

(Data General)等。

"区域中心"是企业的一个或多个业务单元共同建立起来的共享服务中心,是建立在业务交易层面的一种支持服务,主要目的在于降低企业的整体成本。这一模式将全球业务分区,然后将某些业务集中于一个大区来处理,当前,采用这一模式的企业有英国石油(BP)、福特(Ford)等。

"专长中心"指的是每一种适用于共享服务中心的业务流程在全球范围内建构相应的共享服务中心。这是基于全球化管理与各种功能合作建构起来的,是一种融合于知识、价值的支持性服务,其重点在于避免重复劳动,为企业提供专业的服务,目前,使用这一模式的企业有百事可乐、惠普等。

二、财务共享服务中心三种战略结构的特点比较

当前,"全球中心"规模经济优势非常明显,但是,对于信息系统的支持以及人员技能的要求就相对较高,并且在应对全球税务上也有较大的困难。对于企业来说,可能收到的效益很明显,但是管理的难度也相对较大。

"区域中心"对全球集中的人员与适应性要求加以淡化,通过对区域进行划分,使各个层面的要求在相对适中的范围内进行统一,虽然标准程度较低,但是对系统与人员的要求也相对较低,因此,管理难度也会较小。

"专长中心"主要是对单个流程或者类流程在全球范围内的标准进行统一,从而为企业培养专家,虽然涉及的地域很广,但是由于业务较为单一,管理起来难度也较小。

对于财务共享服务中心的三种战略结构模式,其特点比较如表 2-2 所示。

表 2-2 “全球中心”“区域中心”“专长中心”的特点比较

类别	全球中心	区域中心	专长中心
标准化与适应当地要求的程度	从最大范围内，对流程进行标准化、简单化与规范化，但是很难与全球各个地方的要求相适应	可以设计出与当地要求相符合的流程	单个流程或者类流程在全球内可以实现标准化，但是很难与全球各个地方的要求相适应
规模经济性的实现程度	能够充分、完全地实现规模经济性	较为充分地实现规模经济性	较为充分地实现规模经济性
对系统的要求	需要有一个完全整合的系统	不一定需要一个完全整合的系统	不一定需要一个完全整合的系统
对人员的要求	很难对共享服务中心的人定义技能要求	地区性的文化与语言差异较为容易适应和进行调整	鼓励发展各种职能类型的专家
受全球税务和法规的影响	将面对全球税务与法律法规的影响	地区性税务与法规问题可以在各个地区的共享服务中心进行解决	将面对全球税务与法律法规的影响
管理难度	相对来说最为困难	相对来说较为容易	相对来说较为容易

需要指出的一点是，虽然这三种模式是当前财务共享服务中心常用的模式，但是，并不是纯粹的最佳模式，各个公司需要根据自身的实际情况进行选择，并根据自身需要进行调整。当然，无论采用哪一种模型，关键是寻求各个利弊因素之间的平衡。

三、财务共享服务中心战略结构演进

很多人指出，建立财务共享服务中心战略，应该坚持自上而下的过程，企业集团应该从总体战略目标入手，为财务共享服务中心的战略绘制蓝图，进而一步步往下进行分解。但是，在实际的操作中，进行区域试点是最常见的做法，很多企业都会在部分业务中进行试点，然后再带动整体业务，只有这样，才能够保证财务的整体转型。

这样说来，财务共享服务中心的战略结构演进，与其说是自上而下的设计，还不如说是自下而上的推广。

(一)全球范围财务共享服务中心的战略结构演进

在全球范围财务共享服务中心的战略结构演进中,很多企业在建立共享时,往往会从业务重心与客户资源考虑,选择某一个地区进行试点,建立区域性质的。等到这一区域性质的稳定之后,然后,再逐步扩展到全国甚至全球。

随着财务共享服务中心的持续发展,逐渐将海外业务吸收进来,在全球范围内开展共享服务中心建设,以对相关地区的共享服务业务加以支持,最终建构全球财务共享服务中心,为公司的全球业务提供支持(见图 2-10)。

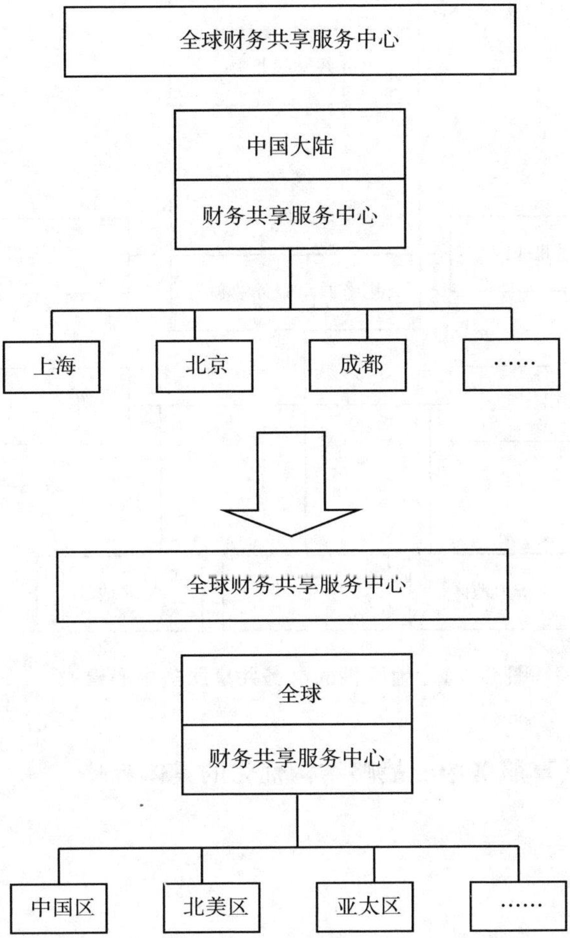

图 2-10 企业财务共享服务中心战略结构演进

（二）我国企业财务共享服务中心的战略结构

在我国，财务共享服务中心才刚刚起步，相比较来说，我国建立财务共享服务中心与欧洲相比有很大的区别：欧洲有众多的小国家，国与国之间有着相近的文化，经济也彼此互通，这就决定了很多跨国企业愿意在欧洲设立财务共享服务中心，从而将欧洲各个国家的财务业务集合起来；相比之下，我国幅员辽阔，如果刚刚起步就建立财务共享服务中心，显然会比较困难。因此，我国需要选择一些区域或者地方来建立，等到成熟之后再进行整合（见图 2-11）。

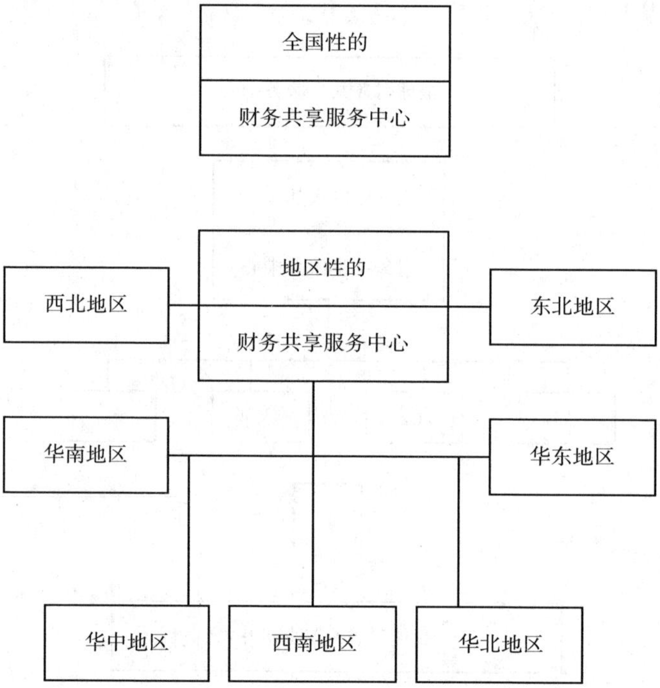

图 2-11　地区性的财务共享服务中心建设

四、财务共享服务中心战略结构优化的具体策略

（一）选址与建设

1. 选址

财务共享服务中心可从成本、环境、人力资源及基础设施四个方面

进行综合考量及评估，并最终确定建设所在地。其中，成本因素主要包含人力成本、电信成本等；环境因素主要包含政策优惠、政治环境、发展能力、城市竞争力、是否与总部或分支机构所在地一致等；人力资源因素主要包含人力专业技能、当地教育水平、服务水平、人员流动性、教育与培训有效性等；基础设施要素主要包含电信质量、自然环境、交通便利、房产价格等。

例如，上海属于国内一线城市，人力、电信等运营成本较高，具有国际金融中心和英语优势；同时，作为中国的特大城市，在城市竞争力、发展能力等方面拥有明显优势，教育资源丰富，教育水平较高；基于全球的财务共享服务中心及金融行业财务共享服务中心分布较多，在人力专业技能及人才招揽方面，优势明显；交通资源丰富，交通优势明显，但房价水平较高。武汉位于中西部地区，人力成本、运营成本等与沿海地区相比较低，城市竞争力、发展能力在中西部地区拥有明显优势，教育资源丰富，教育水平较高，国内企业在此建立财务共享服务中心数量较多，在人力专业技能及人才招揽方面有较明显优势，位于中国中部核心地区，交通资源丰富，交通优势明显，且房价水平适中。济南位于东部地区，人力成本、运营成本低于北上广深，而高于中西部地区，城市竞争力、发展能力及政策优惠等方面发展适中，教育资源丰富，教育水平较高，依托京沪线，交通资源丰富，交通优势较明显，且房价水平适中。在各项因素中，"是否与总部所在地一致"也是财务共享服务中心选址的一项重要参考依据，如果要建设管控服务型共享中心，则前期共享中心地址多与总部所在地一致，以便更好地沟通及管理。在《2017 中国共享服务领域调研报告》中，关于财务共享服务中心选址时最重要的影响因素调查结果显示，选址时首要考虑的三个因素为：集团总部的沟通成本和管理成本、可接受的人力成本、高素质的人力资源。

财务共享服务中心选址时最重要的影响因素在实际情况中，各个城市在成本、环境、人力资源及基础设施方面都会有各自的优势和不足，因此选址时需在综合考虑各种因素的基础上，根据企业实际情况最终确定共享中心选址。同时，财务共享服务中心的地址并非一成不变的，随着外部环境及企业业务的变化，财务共享服务中心的地址可能也会随之改变。

2. 建设模式

企业可根据自身发展需要，在不同的发展阶段而选择不同的财务共享服务中心建设模式，每种模式都有自己的优势和不足。常见的财务共享服务中心建设模式有四种：集团共享中心、板块共享中心、区域共享中心和项目共享中心。

3. 运营模式

按照财务共享服务中心的运营形式划分，财务共享服务中心主要包括四种运营模式：基本模式、市场模式、高级市场模式与独立经营模式。依据财务共享服务中心的发展趋势，四种模式呈现递进关系。

（二）蓝图设计

1. 组织规划

财务共享服务中心内部组织设立初期，在组织定位方面主要有两种方案：一种是行政层级上与财务部门管理层级相同；另一种是下设至财务部门，行政层级上隶属于财务部门，此方案在财务共享服务中心建设初期选择较多。财务共享服务中心内部组织划分的方法主要有按区域、按职能、混合三种方法，有利于确保组织的主要活动得到重视。

2. 人员配置

对于财务共享服务中心人员的需求测算，需要重点考虑以下两个前提。

第一，信息系统前提。财务共享服务中心的运作，至少需要依托电子报账系统、电子影像系统及核算系统来完成。电子报账系统用于各单位进行统一报账，可与电子影像系统和核算系统无缝对接，实现上传后的影像图片自动匹配电子报账单，并自动产生会计凭证。另外，电子报账系统还可按照业务类型随机推送审核任务。电子影像系统可上传单据影像，以供财务共享服务中心会计人员提取并进行财务审核，影像单据审核入账任务不按核算账套隔离。若此类信息系统无法满足需求，则会对财务共享服务中心的工作效率产生较大的影响，此时就需要考虑对所需求人员数量进行扩大。

第二，人员技能前提。财务共享服务中心的人员数量测算根据岗位业务性质的不同，可采用业务分析法、对标评测法、数据测算法等方法。其中，数据测算法中的人员测算计算公式有如下几个。

公式 1：人员数量 = 月工作量 / 人均月工作量

公式 2：月工作量 = 月平均单据量 × 每单耗用时间

公式 3：人均月工作量 = 日有效工作量 × 月工作时间

公式 4：日有效工作时间 = 日工作时间 – 辅助工作时间 – 间歇时间

其中，月平均单据量及每单耗用时间的相关信息，在企业实际工作中通过业务量调研问卷获得，这里根据企业实际情况选取部分数据进行计算分析。日工作时间为企业规定的法定上班时间，一般为 8 小时。辅助工作时间为完成一项任务而必须付出的时间成本。① 例如，计算库管员的日有效工作时间，发货、收货的时间，以及整理货物的时间为有效工作时间，而等待收货、发货的时间为辅助工作时间，中午吃饭休息的时间则为间歇时间。

财务共享服务中心成立初期，人员来源主要包括内部抽调和社会招聘两种方式。为了更好地做到技能与岗位的匹配，应主要采取内部抽调的方式，人员配置采取适才适岗的原则，尽力吸引各地优秀财务人员。内部抽调可以从纳入财务共享服务中心的单位现有财务人员中进行抽调，此部分人员对于企业原有业务流程比较熟悉，可以更快地成长为财务共享服务中心的业务骨干。社会招聘可以考虑招聘有财务共享服务中心工作经验的财务人员，可以借助此部分人原有的财务共享服务中心工作经验，更快、更稳定地实现共享中心成立之初的过渡期。

为保障财务共享服务中心人员配置方案的执行，需以人员到位后的集中培训与长期培训相结合的方式来提升员工的能力，以确保相关工作顺利开展。集中培训主要为保证财务共享服务中心的工作启动运转，长期培训为保证财务共享服务中心的稳定运营和持续发展，根据 SLA 的 KPI 指标定性定量考核，同时，通过优秀员工的选拔输出机制、整体队伍的稳定轮岗机制、末位员工的淘汰更新机制三种常态化机制，来完善共享中心人员的职业发展规划。

（三）信息平台规划

设计信息系统的有效支撑是保障财务共享服务中心高效运营的必

① 石贵泉，宋国荣．智能财务共享[M].北京：高等教育出版社，2021.

要条件,合理的信息系统规划设计能有效提升财务共享服务中心的工作效率,降低企业财务风险。通常财务共享服务中心信息平台主要由财务共享服务系统、业务管理系统、影像扫描系统、银企互联系统等构成。业务管理系统又主要包含CRM、供应链、资产管理、合同管理、债权债务、供应商协同、资金管理系统及差旅服务、电商第三方系统。财务共享平台的核心系统信息系统的构建主要可从主数据统一、历史数据处理、业务系统集成三方面考虑。

企业的主数据包括客户、供应商、员工、科目、项目等内容,主数据的统一是企业集团构建财务共享系统的重要内容。以供应商主数据为例,若供应商的名称、付款信息等内容未进行有效整理,存在一个供应商两个名称,或供应商付款信息不匹配的情况,将会直接影响财务共享服务中心会计核算的错单率及付款结算的支付失败率,使推动财务共享服务中心建设的阻力和难度加大。

在信息系统切换时需要考虑对历史数据进行处理。例如,核算规范的变化引起的历史数据处理、员工或供应商的借款或预付款初始化、报表逻辑的调整等。

业务系统的集成主要包含系统边界的重新划分及改造、业财一体化平台的搭建两个方面。由于企业原有信息系统的建设并不是基于共享模式,业务系统为了更好地支撑业务流程,逐渐扩大了建设范围,模糊了系统边界。例如,企业的供应链系统、费用报销系统、债权债务系统,这些系统为了支撑业务需要都建设了付款模块,并都与财务核算系统对接,也正因为这样才导致系统边界模糊。在共享模式下,需要重新划分系统的边界,将属于财务共享服务中心的业务集中纳入共享平台内,按流程定义好与各业务系统的信息流接口。但现阶段,多数企业业财一体化程度不高,信息流存在中断或人工判断干预的情况,因此,构建信息系统时需加强业财的对接建设,确保企业的信息流可以随着业务流顺利延续。同时,业财一体化建设会造成系统集成难度加大,存在大量接口,也需要做好接口的定期维护和检查,确保接口稳定、准确,最好能建立接口数据自动检测机制。财务共享服务中心信息平台规划涉及的主要信息系统概述如下。

1. 网上报账系统

网上报账系统监控集团企业各项费用的支出业务,单据(包含电子影像信息）通过报账系统进行提交，由报账中心初审员进行单据审核及影像扫描。报账系统中可查询个人或部门权限内的业务单据统计信息等。

2. 总账管理系统

总账管理系统主要用于记账凭证的编制到各种账表的生成，具体包括初始建账、凭证处理、出纳业务、账表查询、月末处理等基本账务功能。总账管理系统还支持数量核算、单一外币及多外币核算、多账簿管理、现金管理等，能够满足各单位账务核算及管理的需要。

3. 报表管理系统

报表管理系统是以货币为计量单位，综合反映企业在某一时点的财务状况，以及一定时期内经营成果和现金流量的书面文件，是会计核算的最终成果，也是会计核算工作的总结。

报表管理模块是一个灵活的报表生成工具，用户可以自由定义各种财务报表、管理汇总表、统计分析表。该模块可以通过取数公式从数据库中自动获取数据，也可以在同一表格内及不同表格之间设置公式。另外，报表管理还支持制作图文混排的报表。

4. 资金管理系统

资金管理系统包括资金计划、资金结算、票据管理、信贷管理、投融资业务、同业往来、企业现金和银企直联等功能。结合集团的资金收支预算，与其他业务系统协同，实现集团资源优化配置，提高资金使用效率，降低财务风险，节约交易成本，产生规模效益。

资金计划是资金管理系统中的一部分，主要是对资金计划进行编制、审批、控制和分析，以实现对资金头寸的有效控制。资金计划要素贯穿计划编制的整个过程，支持部门和单位作为资金计划编制主体进行计划的编报，支持明细资金计划的编报审批。

银企直联系统可帮助企业实现与多家银行直联，实现网上收、付款处理，保证账户安全，有效避免重复付款。系统自动下载银行对账单、自动核对银行账单、自动生成银行账余额调节表，实时查询银行账户余额及交易明细情况等。

5. 供应商协同平台

供应商协同平台是在供应链运作过程中，面向核心企业及其供应商构建的供应业务协作平台。通过网上在线协作，可减少双方传真、邮寄成本和人工费用，有效简化订单处理流程，缩短业务处理周期，减少采购业务成本。如辅以条码技术的应用，则会减少企业方的入库工作量，降低收货的误差。另外，电子开票与电子对账的应用，会降低财务过程的成本，增加财务结算透明度，改善双方供应关系。

（四）运营优化

财务共享服务中心的建设不是一蹴而就的，而是需要持续的运营优化，随着共享中心业务流程、业务范围、信息系统、内部管理制度等方面的逐步完善，不断形成标准化、流程化的管理制度。例如，在业务流程方面，可以通过流程执行的效率、核算发现的问题来逐步优化并完善相关业务流程，或者逐步强化风险控制点，弱化其中无效审批点。在业务范围方面，可以考虑将初期没有纳入共享中心的业务逐步纳入共享中心，逐渐形成完整、完善的财务共享服务中心；在信息系统方面，可以逐步完善相关系统的集成，实现端到端的业财一体管控；在管理制度方面，可以借助绩效看板、绩效考核等激发员工工作热情。

1. 决策财务

决策财务的主要工作内容包括财务发展战略制定，财务制度、政策与流程制定，预算指标设定，财务分析与控制，业绩指标计算及跟踪，投融资分析，对企业并购过程中的税务筹划、内部审计与风险管理提供专业支持等。

2. 共享财务

共享财务的主要工作内容包括将财务管理工作中分散的、高度重复化的、同质化的、可标准化的非核心业务纳入共享财务集中批量处理，并依托信息技术实现财务管理中核算、结算、决算及档案业务的高效率处理。

3. 业务财务

业务财务的主要工作内容是负责确保所有本地业务核算的真实性、合法性,负责对口本地外部监管部门,指导业务部门按集团规章制度合理报账,并接受上级单位的监督和指导。

近年来,在国务院国资委、财政部的政策引导下,基于财务会计转型及自身的实践要求,国内很多企业开始建立财务共享平台,期望通过财务共享平台高效、标准的管理服务达成企业的战略目标。

第三章　财务共享的技术支撑

经济全球化已经成为当今世界经济发展的必然趋势，国内大型企业之间的并购活动越来越频繁，企业的规模也越来越大。一方面，企业的核心竞争力、风险抵抗能力逐渐提高；另一方面，复杂的市场环境、经营环境对企业提出了更高要求。而财务管理作为企业管理的核心，需要进行财务转型与升级，以与新的经济形势相适应。而当企业的规模达到一定程度之后，财务共享服务将成为企业集团的必然选择，随着大数据、人工智能、移动互联网（移动物联网）、云计算等技术时代的到来，将对传统的财务共享服务带来冲击与挑战，企业该如何运用这些技术，提升管理绩效，成为当代财务管理面临的一个重要问题。本章首先分析这些先进技术，进而探讨这些技术对财务共享服务中心建设的冲击与影响。

第一节　财务共享的信息化技术

一、大数据技术

(一)大数据的概念

麦肯锡认为,大数据是指其大小超出了典型数据库软件的采集、存储、管理和分析等能力的数据集。[①] 如图 3-1 所示,这一概念主要包含了两方面的含义。

第一,符合大数据标准的数据集大小会随着时间的推移而发生一定的变化,不是保持不变的。

第二,符合大数据标准的数据集在不同的部门中是存在差异的。大数据的出现彻底打破了各个利益主体之间的信息不对称问题,从而使得各个利益主体之间相互联系起来更加方便,也更加具有效率。

图 3-1　大数据

(二)大数据的类型

大数据的类型如图 3-2 所示。

① 张奇.大数据财务管理[M].北京:人民邮电出版社,2016.

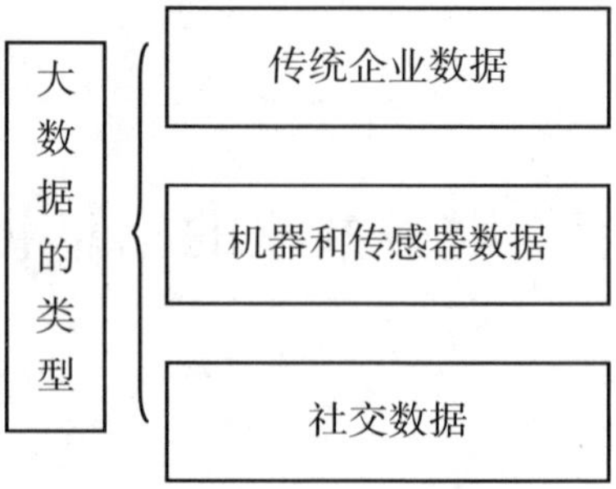

图 3-2　大数据的类型

1. 传统企业数据

传统企业数据包括传统的 ERP 数据、库存数据以及账目数据等（见图 3-3）。

图 3-3　ERP 数据

2. 机器和传感器数据

机器和传感器数据包括呼叫记录、智能仪表、工业设备传感器、设备日志以及交易数据等。

3. 社交数据

社交数据包括用户行为记录、反馈数据等（见图 3-4）。

图 3-4 社交数据

（三）大数据的特征

IBM 提出大数据的“4V”特征：数量（Volume）、多样性（Variety）、速度（Velocity）和真实性（Veracity）（见表 3-1）。

表 3-1 大数据的“4V”特征

大数据的“4V”特征	具体阐述
数量	随着互联网、移动互联网、物联网的发展，每时每刻都在产生着大量的数据，当这些数据能够被利用起来后，其价值是无可限量的。而大量的数据要得到使用，一方面，要解决数据从分散到集中的问题；另一方面，要解决数据的共享安全、道德伦理问题。前者是一个技术问题，而后者是一个社会问题。如果数据失去了安全和道德的约束，衍生出来的社会问题将是一场灾难。相信很多人每天都会接到大量的骚扰电话，这就是数据安全和道德造成的问题
多样性	大数据就像一个不挑食的孩子，你给他什么，他都开心笑纳。这和人类自身的学习认知模式有点相似。想象一下，我们在认识世界的时候，往往是有什么就吸纳什么，数字、图像、声音、视频，无所不及。因此，从这点来看，大数据的多样性，为机器向人类学习提供了很好的技术基础。如果机器的学习仅仅局限于结构化数据，那么，相信这样的人工智能孩子即使长大变得聪明，也一定会是一个人格不健全的孩子

续表

大数据的“4V”特征	具体阐述
速度	快流式数据是大数据的重要特征，数据流动的速度快到难以用传统的系统去处理。举个简单的例子，淘宝购物时的商品推送就是基于大数据技术进行的，如果运算速度很慢，估计从用户登录进去到离开都还不知道该推送什么商品，大数据就没有了意义。所以，速度快是让大数据产生商业价值非常核心的一点
真实性	这里特别要注意的是，我们追求真实性，而不是精确性。在我们关注相关性的时候，往往能够得到更加真实的信息。在传统的数据技术中，由于我们对数据的精确性要求过于苛刻，这使得如果没有高质量的数据清洗，产出结果的可用性就将大打折扣。很多时候，我们说垃圾进、垃圾出就是这样的问题所导致的。而大数据技术从降低精确性要求的逆向思维出发，用另一种方式解决了这个问题，通过降低精确性要求，变相提升了数据质量。借用科幻思维，这是一种“降维”策略的实践

（四）大数据的技术框架

在互联网领域，数据无处不在。从数据在信息系统中的生命周期看，大数据从数据源开始，经过分析、挖掘到最终获得价值一般需要经过六个主要环节，包括数据收集、数据存储、资源管理与服务协调、计算引擎、数据分析和数据可视化。技术框架如图 3-5 所示，每个环节都要面临不同程度的技术挑战。

1. 数据收集层

数据收集层由直接跟数据源对接的模块构成，负责将数据源中的数据实时收集到一起。数据源具有以下几个特点。

第一，任何能够产生数据的系统均可以称为数据源，如 Web 服务器、数据库、传感器、手环、视频摄像头等。

第二，数据源通常分布在不同机器或设备上，并通过网络连接在一起。

第三，数据的格式是多种多样的，既有像用户基本信息这样的关系型数据，也有如图片、音频和视频等非关系型数据。

第四，数据源如同“水龙头”一样，会源源不断地产生“流水”（数据），而数据收集系统应实时地将数据发送到后端，以便及时对数据进行分析。

图 3-5 大数据的技术框架

由于数据源具有以上特点，将分散的数据源中的数据收集到一起通常是一件非常困难的事情。一个适用于大数据领域的收集系统，一般具备以下几个特点。

（1）可靠性

数据在传输过程中不能够丢失（有些应用可容忍少量数据丢失）。

（2）扩展性

能够灵活适配不同的数据源，并能接入大量数据源而不会产生系统瓶颈。

（3）安全性

对于一些敏感数据，应有机制保证数据收集过程中不会产生安全隐患。

（4）低延迟

数据源产生的数据量往往非常庞大，收集系统应该能够在较低延迟的前提下将数据传输到后端存储系统中。

为了让后端获取全面的数据，以便进行关联分析和挖掘，通常我们建议将数据收集到一个中央化的存储系统中。

2. 数据存储层

数据存储层主要负责海量结构化与非结构化数据的存储。在大数据时代，由于数据收集系统会将各类数据源源不断地发送到中央化存储系统中，这对数据存储层的扩展性、容错性及存储模型等有较高要求，总结如下。

（1）容错性

考虑到成本等因素，大数据系统从最初就假设构建在廉价机器上，这就要求系统本身具有良好的容错机制，确保在机器出现故障时不会导致数据丢失。

（2）扩展性

在实际应用中，数据量会不断增加，现有集群的存储能力很快将达到上限，此时需要增加新的机器扩充存储能力，这要求存储系统本身具备非常好的线性扩展能力。

（3）存储模型

由于数据具有多样性，数据存储层应支持多种数据模型，确保结构化和非结构化的数据能够很容易保存下来。

3. 资源管理与服务协调层

随着互联网的高速发展，各类新型应用和服务不断出现。在一个公司内部，既存在运行时间较短的批处理作业，也存在运行时间很长的服务型作业，为了防止不同应用之间相互干扰，传统做法是将每类应用单独部署到独立的服务器上。该方案简单易操作，但存在资源利用率低、运维成本高和数据共享困难等问题。为了解决这些问题，公司开始尝试将所有这些应用部署到一个公共的集群中，让它们共享集群的资源，并对资源进行统一使用，同时，采用轻量级隔离方案对各个应用进行隔离，因此，便诞生了轻量级弹性资源管理平台，相比于“一种应用一个集群”的模式，引入资源统一管理层可以带来众多好处，概括如下。

（1）运维成本低

如果采用“一个应用一个集群”的模式，则可能需要多个管理员管理这些集群，进而增加运维成本，而共享模式通常需要少数管理员即可完成多个框架的统一管理。

（2）资源利用率高

如果每个人都应用数个集群，则往往由于应用程序数量和资源需求的不均衡，使得在某段时间内有些应用的集群资源紧张，而另外一些集群资源空闲。共享集群模式通过多种应用共享资源，使得集群中的资源得到充分利用。

（3）数据共享

随着数据量的暴增，跨集群间的数据移动不仅需花费更长的时间，且硬件成本也会大大增加，而共享集群模式可让多种应用共享数据和硬件资源，这将大大减少数据移动带来的成本。

在构建分布式大数据系统时，会面临很多共同的问题，包括服务命名、分布式队列、发布订阅功能等，为了避免重复开发这些功能，通常会构建一个统一的服务协调组件，以及将开发分布式系统过程中通用的功能全部包含在内。

4. 计算引擎层

计算引擎发展到今天，已经朝着“小而美”的方向前进，即针对不同应用场景，单独构建一个计算引擎，每种计算引擎只专注于解决某一类问题，进而形成了多样化的计算引擎。计算引擎层是大数据技术中最活跃的一层，直到今天，仍不断有新的计算引擎被提出。总体上讲，可按照对时间性能的要求，将计算引擎分为三类（见图 3-6）。

（1）交互式处理

该类计算引擎对时间要求比较高，一般要求处理时间为秒级别，这类系统需要跟人进行交互，因此，会提供类 SQL 的语言、以数据查询、参数化报表生成等，便于用户使用。

（2）批处理

该类计算引擎对时间要求最低，一般处理时间为分钟到小时级别，甚至天的级别，它追求的是高吞吐率，即单位时间内处理的数据量尽可能大，典型的应用有搜索引擎构建索引、批量数据分析等。

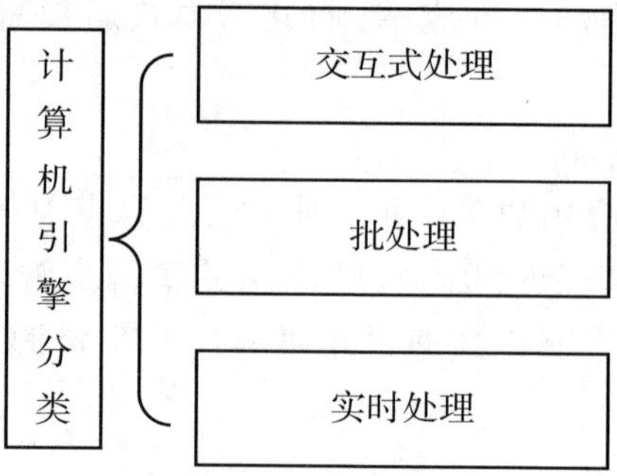

图 3-6　计算机引擎分类

（3）实时处理

该类计算引擎对时间要求最高，一般处理延迟在秒级以内，典型的应用有广告系统、舆情监测等。

5. 数据分析层

数据分析层直接跟用户应用程序对接，为其提供易用的数据处理工具。为了让用户分析数据更加容易，计算引擎会提供多样化的工具。在解决实际问题时，数据科学家往往需要根据应用的特点，从数据分析层选择合适的工具，大部分情况下，可能会结合使用多种工具，典型的使用模式是：首先使用批处理框架对原始海量数据进行分析，产生较小规模的数据集，在此基础上，再使用交互式处理工具对该数据集进行快速查询，以获取最终结果。

6. 数据可视化层

数据可视化技术指的是运用计算机图形学和图像处理技术，将数据转换为图形或图像在屏幕上显示出来，并进行交互处理的理论、方法和技术。它涉及计算机图形学、图像处理、计算机辅助设计、计算机视觉及人机交互技术等多个领域。数据可视化层是直接面向用户展示结果的一层，由于该层直接对接用户，是展示大数据价值的“门户”，因此数据可视化是极具意义的。

（五）大数据带给企业的挑战

1. 处理大数据的技术挑战

企业在处理大数据时会遇到以下几种挑战（见表 3-2）。

表 3-2 处理大数据的技术挑战

处理大数据的技术挑战	具体阐述
大数据的去冗降噪技术	企业所收集到的大数据大都来自各个方面，源头非常复杂，这就对企业的去冗降噪技术带来了极大的挑战
大数据的直观表示方法	对于目前很多大数据的表示方法，有些并不能很直观地就展示出其具有的意义，所以随着社会的不断发展，需要探索出更好的大数据表示方法
大数据的存储技术	大数据的存储技术既对数据分析的效率有较大的影响，也对存储所需的成本具有重要影响
大数据的有效融合	数据不整合就发挥不出大数据的大价值。大数据的泛滥与数据格式有很大关系
大幅度降低数据处理、存储和通信能耗的新技术	大数据的获取通信、存储、管理与分析处理都需要消耗大量的能源

2. 运用大数据技术的挑战

从系统的方面讲，从操作系统到数据库，再转变到数据服务平台，在大数据时代，传统开发工具已经不能适应时代的发展，大数据管理及处理能力将引领网络发展，社会计算将引起应用模式的变革，新的工业革命正在以一种全新的形式悄然出现。目前，在运用大数据技术方面存在一些挑战，具体来说主要包括以下几个方面。

（1）在收集数据方面

目前，在网络上有大量的数据，有时收集一些数据相对比较容易，但数据收集之后一定要采取一定的方式去伪存真，留下最可信的、最有价值的数据。

（2）在数据存储方面

在数据存储方面，要想做到低成本、高可靠性，就必须运用一定的技术手段对数据进行分类处理，通过去重等操作，减少存储量，并且还可以加入一些便于检索的标签。

（3）在数据处理方面

有些行业的数据参数非常多，其复杂性体现在各个方面，难以用传统的方法去描述和度量，所以在数据处理方面会存在很多困难，需要将多媒体数据降维后度量与处理，利用上下文关联进行语义分析，从大量动态而且可能是模棱两可的数据中综合信息，并导出可理解的内容。

（六）大数据时代对财务数据的影响

1. 大数据时代财务数据的新特征

大数据时代财务数据的新特征主要包括以下几个方面。

第一，财务数据的来源从以“结构化”数据为主导变更为以“非结构化”数据为主导。

第二，财务数据的价值从简单的“数据仓库”转变为“深度学习对象”。

第三，财务数据具有实时更新的新特征，更多时候体现为一种动态的“流数据”形式。这就要求企业在处理会计数据时形成“流处理”的思想。

第四，财务数据处理由原来的集中式向分布式转变。

第五，财务数据输出形式由图表化转向可视化。

2. 财务数据新特征产生的新要求

第一，大数据时代影响财务数据处理方式。随着大数据时代的到来，企业在财务处理方法上应突破劳动密集型的数据处理方式，充分利用新科技，搭建一个灵活、便捷、可扩展的信息数据平台。

第二，要注重对获得的财务数据的深入学习，满足信息使用者个性化需求。随着财务数据从“数据仓库”的简单角色中转变出来，企业财务工作人员应当意识到其在处理财务数据中，已经由被动使用转换为主动挖掘价值。

（七）大数据对财务信息质量的影响

1. 对相关性的影响

相关性原则要求财务信息能够满足信息使用者的决策需求，而财务信息提供者要充分考虑用户的个性化需求。而在大数据时代,财务信息处理速度也在随之增快,这也就意味着,财务信息使用者能够在相同的时间内获得更多的信息,如何识别相关信息以及对相关信息进行取舍,是衡量财务信息素质的重要因素之一。

2. 对真实性的影响

大数据时代的到来意味着大数据资源将成为企业的数据资产。然而,目前关于数据资产却没有相关规定,根据资产的相关定义,大数据仍不能称为资产。同时,单纯以货币为主的计量已经不能满足大数据时代的需求。如何对大数据资产进行计量,这将是大数据时代对财务工作的挑战。

二、云计算技术

(一)云计算的概念

云计算是网格计算、分布式计算、并行计算、效用计算、网络存储、虚拟化、负载均衡等传统计算机技术和网络技术发展融合的产物。如图3-7所示,云计算将计算从用户终端集中到“云端”,是基于互联网的计算模式,按照云计算的运营模式,用户只需关心应用的功能,即各取所需,按需定制自己的应用。最简单的云计算技术在网络服务中已经随处可见,如搜索引擎、网络信箱等,使用者只要输入简单指令即能获得大量信息。

图 3-7　云计算

（二）云计算的特点

云计算具有显著的特点，概括来说主要包括以下几个方面。

1. 虚拟化

虚拟化是将底层物理设备与上层操作系统、软件分离的一种去耦合技术，它通过软件或固件管理程序构建虚拟层并对其进行管理，把物理资源映射成有逻辑的虚拟资源，其目标是实现 IT 资源利用效率和灵活性的最大化。

2. 动态性

云计算平台能够监控计算资源，并根据已定义的规则自动地平衡资源的分配。

3. 超大规模

“云”一般具有相当大的规模，如 Google 云计算拥有 100 多万台服务器，Amazon、微软、IBM、雅虎等的“云”均拥有几十万台服务器。企业私有云一般也有成百上千台服务器。“云”能赋予用户前所未有的计算能力。

4. 通用性

云计算不针对特定的应用，在“云”的支撑下可以构造出千变万化的应用，同一个“云”可以同时支撑不同的应用运行。

5. 高扩展性

“云”的规模可以动态伸缩，以满足应用和用户规模增长的需要。

6. 高可靠性

“云”使用了数据多副本容错、计算节点同构可互换等措施来保障服务的高可靠性，使用云计算比使用本地计算机更可靠。

7. 经济性

“云”是一个庞大的资源池，用户按需购买。“云”的特殊容错措施使得可以采用极其廉价的节点来构成“云”；“云”的自动化集中式管理使大量企业无须负担日益高昂的数据中心管理成本；“云”的通用性使资源的利用率较之传统系统大幅提升。

（三）云计算的发展历程

在过去，大量数据的计算需要一台昂贵的大型计算机才能完成，这给数据的高效、即时处理带来了困难。随着计算机和网络技术日趋成熟，到了2000年左右，云计算方才初具雏形。这时，计算的主体转变为分布在各地的计算机集群，这一方面降低了成本，另一方面也提高了计算效率和可靠性。随后，各项相对成熟的云服务也开始崭露头角，现在，云计算其实已经进入了我们生活中的方方面面。云计算一方面可以减少我们手头的设备，让我们轻装上阵；另一方面又可以提高设备的处理性能，这是目前计算机技术和网络技术发展的重要方向之一。

（四）云计算的体系结构

云计算平台是一个强大的“云”网络，连接了大量并发的网络计算和服务，可利用虚拟化技术扩展每一个服务器的能力，将各自的资源通过云计算平台结合起来，提供超级计算和存储能力。通用的云计算体系结构如图3-8所示。

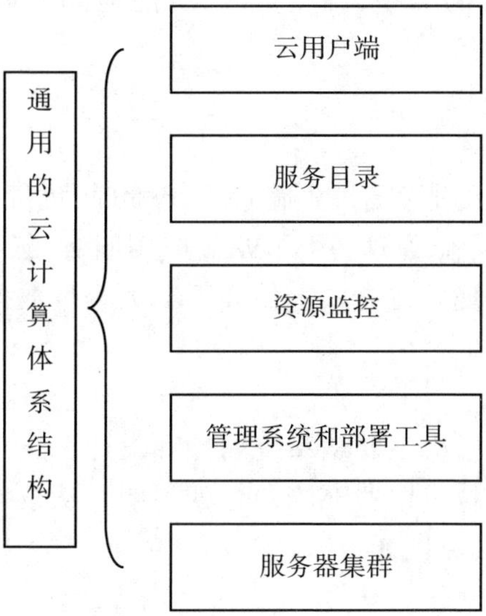

图3-8　通用的云计算体系结构

1. 云用户端

提供云用户请求服务的交互界面，也是用户使用云的入口，用户通过 Web 浏览器可以注册、登录及定制服务、配置和管理用户，打开应用实例与本地操作桌面系统一样。

2. 服务目录

云用户在取得相应权限（付费或其他限制）后，可以选择或定制服务列表，也可以对已有服务进行退订的操作，在云用户端界面生成相应的图标或以列表的形式展示相关的服务。

3. 资源监控

监控和计量云系统资源的使用情况，以便做出迅速反应，完成节点同步配置、负载均衡配置和资源监控，确保资源能顺利分配给合适的用户。

4. 管理系统和部署工具

提供管理和服务，能管理云用户，能对用户授权、认证和登录进行管理，并可以管理可用计算资源和服务，接收用户发送的请求，根据用户请求并转发到相应的程序，调度资源，智能地部署资源和应用，动态地部署、配置和回收资源。

5. 服务器集群

虚拟的或物理的服务器，由管理系统管理，负责高并发量的用户请求处理、大运算量计算处理、用户 Web 应用服务，云数据存储时采用相应数据切割算法实现并行方式上传和下载大容量数据。

（五）云计算的技术层次

云计算的技术层次主要从系统属性和设计思想角度来说明，是对软硬件资源在云计算技术中所充当角色的说明。从技术角度来分，云计算大约由四部分构成（见图 3-9）。

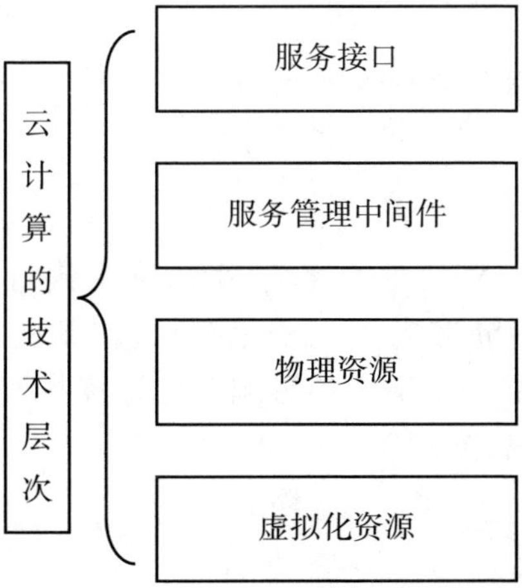

图 3-9　云计算的技术层次

1. 服务接口

它统一规定了在云计算时代使用计算机的各种规范、云计算服务的各种标准等，它是用户端与云端交互操作的入口，可以完成用户或服务的注册、对服务的定制和使用。

2. 服务管理中间件

在云计算技术中，中间件位于服务和服务器集群之间，提供管理和服务即云计算体系结构中的管理系统。它对标识、认证、授权、目录、安全性等服务进行标准化操作，为应用提供统一的标准化程序接口和协议，隐藏底层硬件、操作系统和网络的异构性，统一管理网络资源。

3. 物理资源

物理资源主要指能支持计算机正常运行的一些硬件设备及技术，用于计算和存储等云计算操作。在云计算时代，本地计算机只需要一些必要的硬件设备，如网络设备和基本的输入输出设备等。

4. 虚拟化资源

虚拟化资源指一些可以实现一定操作、具有一定功能，但其本身是虚拟而不是真实的资源，通过软件技术来实现相关的虚拟化功能，包括虚拟环境、虚拟系统、虚拟平台。

（六）云计算在财务信息化中的应用可行性

1. 经济可行性

伴随着电子化信息技术的逐渐发展，网上银行、支付宝等业务的不断出现，金融业务不断转向了电子化平台，在新的电子化业务模式下，传统的银行业务也受到了不小的影响。云计算技术的发展，为银行财务信息化发展提供了技术支持。

2. 技术可行性

云计算利用其虚拟化技术和数据中心相关技术使内部的所有数据资源进行统一收集、管理，并能根据需求进行动态部署，再加上其灵活性与稳定性，这些都将对银行的业务模式创新产生有力的支持。云计算还可以将存储的数据资源进行重新分布，把复杂的数据资源重新组合在一起，提供业务服务，能够为银行的系统运行、服务水平提供保障，为银行业和其他行业使用云计算技术给予技术可行性保障。

（七）在财务信息化中推进云计算有效应用的对策

在会计信息化中推进云计算有效应用的对策如图 3-10 所示。

三、物联网技术

（一）物联网的概念

物联网是指物体通过各种信息传感设备，如射频识别装置、红外感应器、激光扫描器等装置，经由传输网络，实现物与物、人与物之间的自动化信息交互与处理（见图 3-11）。

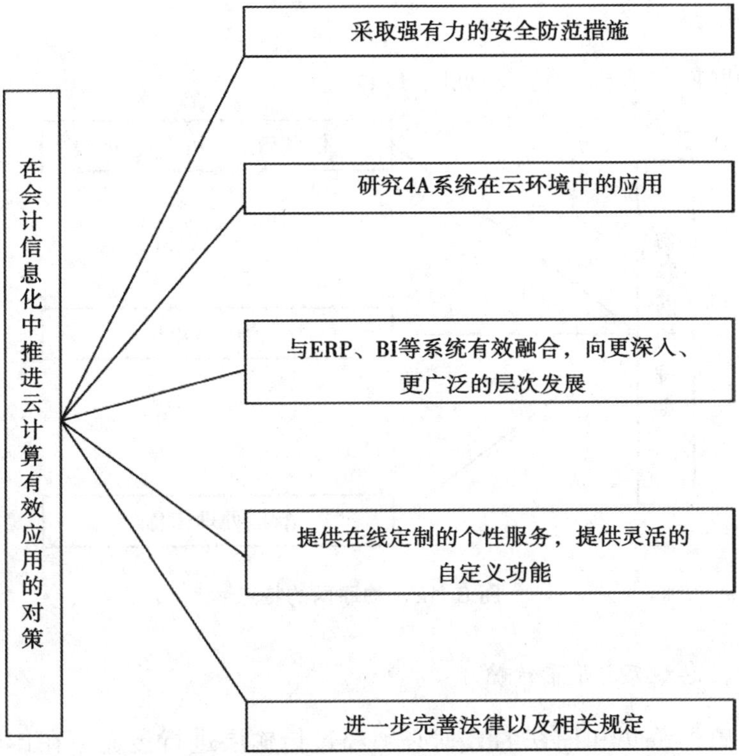

图 3-10　在会计信息化中推进云计算有效应用的对策

图 3-11　物联网

（二）物联网的主要特点

物联网具有以下特点（见图 3-12）。

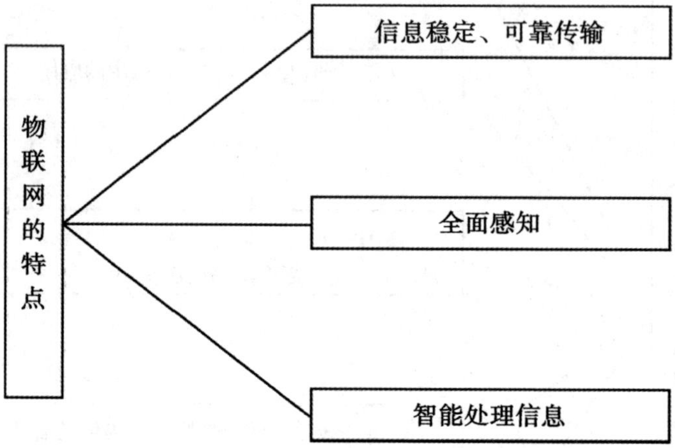

图 3-12　物联网的特点

1. 信息稳定、可靠传输

传感器采集和捕获的数据必须经过传输层进行传递。在传输过程中，必须保证信息的安全性和实效性。

2. 全面感知

数据的采集和捕获是物联网的基础。物联网通过传感器实现对“物”的感知，从而获取“物”的信息，物联网的硬件关键技术必须能够反映“物”的特点。根据“物”的特点配置不同类型的传感器进行感知；传感器具有实时性的特点，必须时刻对运动的“物”进行信息的捕获。

3. 智能处理信息

物联网的终极目标是“智慧地球”，通过装置在各类物体上实现物体与物体间的沟通和对话，使智能技术应用到生活的各个方面。

（三）物联网的体系结构

物联网体系结构包含网络接口层、网络层、传输层、应用层（见图 3-13）。

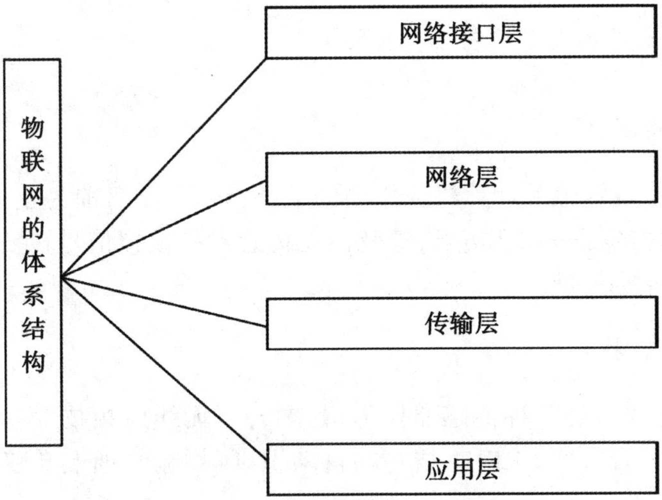

图 3-13 物联网的体系结构

1. 网络接口层

网络接口层负责完成信息的采集和捕获，对信息进行有效的融合和压缩，所采用的传输介质主要有无线电波、光波、红外线等。

2. 网络层

网络层主要负责异构网络的互相通信，优化网络主机与物联网节点之间的无缝连接通信。网络层是物联网的神经系统，需根据网络接口层的业务特征，优化网络特性，建立一个端到端的全局物联网络。

3. 传输层

传输层主要负责数据流的传输控制。

4. 应用层

应用层为终端用户应用进程提供服务，实现信息存储、数据挖掘、应用决策等，涉及海量信息的智能处理、分布式计算、中间件、信息发现等多种技术。

（四）物联网应用的三项关键技术

1. 传感器技术

传感器技术也是计算机应用中的关键技术。到目前为止，绝大部分计算机处理的都是数字信号，这就需要传感器把模拟信号转换成数字信号交给计算机处理。

2.RFID 技术

RFID 技术是一种传感器技术，是融合了无线射频技术和嵌入式系统技术的综合技术，RFID 技术在自动识别、物流管理上有着广阔的应用前景。

3. 嵌入式系统技术

嵌入式系统技术是综合了计算机软硬件、传感器技术、集成电路技术、电子应用技术为一体的复杂技术。

（五）物联网与财务信息化

1. 物联网对外部财务工作环境的影响

（1）物联网对社会生产方式必将产生深刻影响

物联网技术的发展使得人与人、物与物以及人与物之间形成了一个庞大的信息系统，通过这一系统，可以使人能够随时随地地选择自己出行的路线，而且还能对家中的事物有全方位的掌控；通过这一系统，可以使政府部门对城市道路的交通等进行有效管理。

（2）物联网对社会生活方式也将产生深刻影响

“国际电信联盟”曾在一份报告中这样描绘物联网技术对人们生活的影响：当驾驶员出现操作失误的时候，汽车会进行自动报警提醒；日常携带的公文包，会及时告诉主人需要携带的物品；衣服会根据面料和干净程度的不同，告诉洗衣机所需要的洗涤模式和洗衣液的用量。凡此种种，现在看似不大可能，但随着物联网技术的发展，这些都将变得习以为常。

2. 物联网对内部财务工作环境的影响

第一，推进企业组织结构扁平化。

第二，物联网促进企业内部各职能部门之间的协调。

（六）物联网技术推动财务信息化

物联网技术推动财务信息化，主要表现在以下几个方面（见图 3-14）。

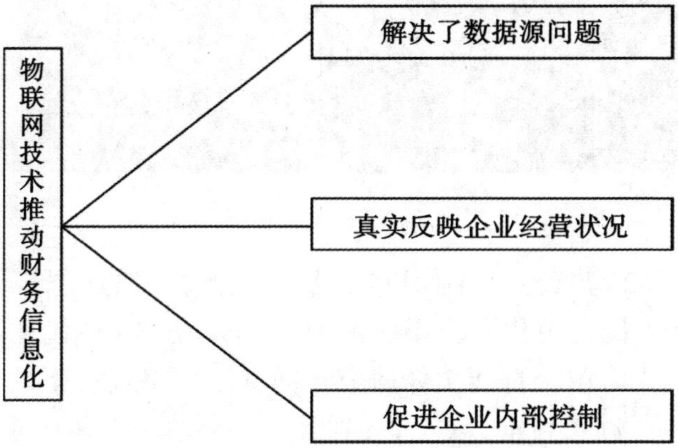

图 3-14　物联网技术推动财务信息化

四、人工智能技术

（一）人工智能的概念

人工智能（Artificial Intelligence，AI）的概念于 1956 年，由 John McCarthy 等 10 位年轻学者在达特茅斯夏季人工智能研究会议上首次提出。人工智能是研究模拟用户，延伸和扩展人的智能的理论、方法、技术和应用系统的一门技术科学，它不仅试图理解智能实体，而且还试图建造智能实体。而人工智能中最重要的一环就是让机器拥有思维认知，即人类智能。换句话说，人工智能就是让机器或是人所创造的其他人工方法或系统来模拟人类智能。人工智能的概念较为宽泛，按照人工智能的实力可大致将其分成三大类：第一类，弱人工智能，指只擅长于某个方面的人工智能，如只会下象棋，可以战胜象棋世界冠军的人工智能；第二类，强人工智能，指在各方面都可达到人类级别，人类能从事的脑力劳动，它都能和人类一样得心应手地去干，能和人类比肩的人工智能；第三类，超人工智能，指在科学创新、通识和社交技能等几乎所有领域都比人脑聪明、都可超越人类大脑的人工智能（见图 3-15）。

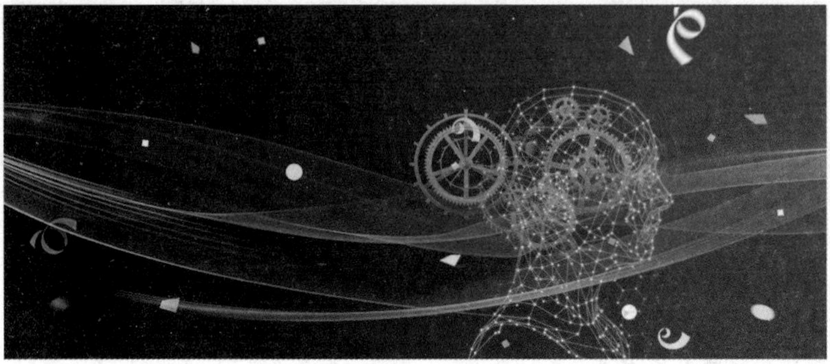

图 3-15　人工智能

在历经了 20 世纪 50 年代重视问题求解的方法而忽视了知识的重要性，60、70 年代实用化专家系统的研究和开发，80 年代神经网络飞速发展到 90 年代由单个智能主体研究转向基于网络环境下的分布式人工智能的研究阶段后，目前，人工智能的研究不仅研究基于同一目标的分布式问题求解，而且还研究多个智能主体的多目标问题求解，进而推动了人工智能技术快速面向实用化方向发展。

（二）人工智能的关键技术

人工智能技术关系到人工智能产品是否可以顺利应用到我们的生活场景中，从语音识别到智能家居，从人机大战到无人驾驶，依托相关技术，人工智能产品在不断升级，在家居、媒体、医疗、金融等行业有着较成功的应用，人们的生产与生活方式也因此发生了重大变化。人工智能领域包含了机器学习、知识图谱、自然语言处理、人机交互、计算机视觉、生物特征识别、VR/AR（虚拟现实 / 增强现实）七个关键技术（见图 3-16）。

1. 机器学习

机器学习就是计算机自动获取知识，也是人工智能的一个重要研究领域，一直受到人工智能和认知心理学家们的普遍关注。近年来，随着大数据技术的快速发展，企业和机构所拥有的数据量越来越大。为了从浩瀚的数据海洋中发现有用的知识，机器学习受到了企业和学术界的高度重视。

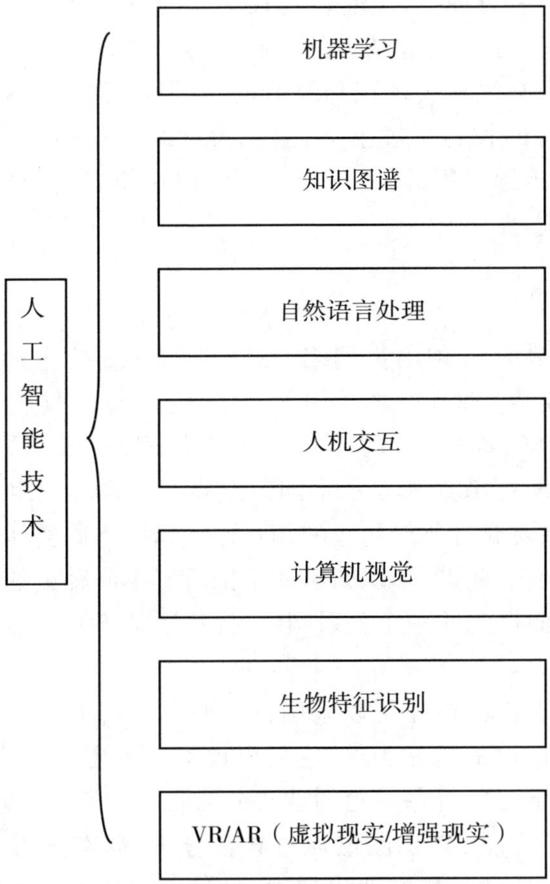

图 3-16　人工智能的七个关键技术

机器学习（Machine Learning）是人工智能技术的核心，涉及统计学、计算机科学、脑科学等诸多领域，主要研究计算机怎样模拟或实现人类学习行为的方式，从而以获取更多的知识或特殊技能，并不断重新组织已有的知识结构使之不断改善自身的知识结构，提升相关的技能，特别是基于数据的机器学习研究如何通过观测样本数据寻找相关规律，并对未来数据或无法观测的数据进行进一步预测，进而指导相关的行为。根据学习模式的不同可以将机器学习分为监督学习、无监督学习和强化学习等，根据学习方法的不同可以将机器学习分为传统机器学习和深度学习。

机器学习的研究意义重大,取得重大进展往往意味着人工智能甚至整个计算机科学向前迈进了坚实的一步。对比人类的学习,机器学习具有诸多优势,一方面,人类受教育和学习的过程是一个相当艰苦的过程;另一方面,由于年龄和精力的限制,积累知识较为缓慢,同时无法继承,每一个人都必须从头认识和改造世界,但机器能够不知疲倦地接受信息,并将获得的技巧延续下去,避免大量的重复学习工作,因而使知识的积累非常迅速。因此,对机器学习的研究将有助于加快获取知识、技巧和规律的进程。

2. 知识图谱

知识图谱就是一种语义网络,基于图的数据结构,由节点(Point)和边(Edge)组成,将节点之间用无向边连接,每个节点即为现实世界中存在的“实体”,而每条边即为实体与实体间的“关系”。本质上是一种由现实世界实体节点和表示不同节点相互关系的边组成的网状知识与数据结构,主要通过节点与边的相互连接描述不同实体之间的概念及其相互关系。通俗地讲,知识图谱就是把所有不同种类的数据与信息节点连接在一起而得到的一个关系网络,提供了从不同节点关系的角度去分析问题的能力。

对于知识图谱的构建可以采用自上而下或自下而上的方式。以自下而上的知识图谱的构建为例,它可以说是一个更新迭代的过程,通过逻辑的获取设定可以将每一轮的迭代分为三个阶段:信息抽取、知识融合、知识加工。目前,知识图谱通过异常分析、静态分析与动态分析等数据挖掘方法,广泛运用在业界搜索引擎、可视化展示和精准营销等方面,并表现出巨大的优势。此外,知识图谱技术也可用于反欺诈、不一致性验证等公共安全保障领域。

3. 自然语言处理

自然语言处理作为计算机科学与人工智能领域中的一个重要方向,主要研究人与计算机之间如何通过自然语言进行有效沟通的各种理论和方法,主要涉及机器翻译、语义理解和问答系统等领域。其中,机器翻译技术是指利用计算机技术特别是基于统计和深度神经网络技术,将一种自然语言翻译成另一种自然语言的技术;语义理解技术是指通过计算机技术阅读、对文本篇章上下文的理解,进而精准回答与篇章文本相关问题的技术，语义理解技术可进一步提高问答与对话的精确度，未来将广泛运用在自动问答、智能客服等相关领域；问答系统技术是指让计算机可以像人类一样用自然语言实现与人充分交流的技术。

自然语言处理包括自然语言处理技术和自然语言处理资源两方面。其中，自然语言处理资源包括 WordNet 和 HowNet 等词典，而自然语言处理技术则包括去除停止词、取词根、词性标注、词义消歧、句法分析、命名实体识别及指代消解等。本质上，就是将自然语言与计算机语言进行打通，让计算机程序模仿人脑结构的人工神经网络，通过加工处理符号信息来实现语义的理解转换。而在信息检索中，常常将自然语言资源（如词典）与自然语言处理技术两者结合运用。研究自然语言处理所涉及的领域有智能语义搜索、问答系统等。

就目前的应用来看，自然语言处理还面临着词法、句法、语义及语音等不同层面的问题，并且语言具有高度复杂性，所以，机器在如此不确定的环境中获得的学习模仿能力还是相对较弱的。

4. 人机交互

人机交互指的是计算机与用户之间的交流互动，是人工智能领域重要的外围技术，是与认知心理学、多媒体技术，虚拟现实技术，人机工程学等密切相关的综合学科，主要研究人到计算机和计算机到人的人与计算机之间的信息交换，具体交换内容除了传统的基于智能设备的基本交互和图形交互外，还包括语音、情感以及体感等交互技术。

人机交互有三个重要元素，在设计时需要考虑：人、交互设备、交互软件。其中，交互软件是整个交互计算机的核心，其重点在于对算法的研究；交互设备则是用来实现人与计算机间传递消息的媒介。同时，交互程序的设计还需要在物理层面、认知层面及情感层面进行充分考虑。人机交互一般基于视觉、听觉、触觉三种感官出发进行设计，所以可以分为四种类型：视觉人机交互、音频人机交互、传感器人机交互、多通道人机交互。

5. 计算机视觉

计算机视觉是使用计算机模仿人类视觉系统的科学，使用计算机或摄影机对事物进行识别、跟踪、测量等，并通过模仿人类的视觉系统，让机器拥有信息提取、处理、理解和分析图像的能力。计算机视觉融合了多个领域，如计算机科学（图形、算法、系统等）、数学（信息检索、机器学习）、工程学（自然语言处理、图像处理等）、物理学（光学）、生物学（神经科学）、心理学（认知科学等）。

视觉识别是计算机视觉的关键技术。以图像分类为例，一般情况下视觉识别是利用多层识别方式来处理图片：第一层为像素亮度分析层，主要用来识别像素亮度；第二层为边界确定层，根据相似像素的轮廓确定图中的所有边界；第三层则用于识别质地和形状等。经过层层识别之后，对图像做出准确的分类。目前，基于深度学习的视觉识别系统的检测效率和精度都已经有了极大的提高。

计算机视觉技术已广泛运用在无人驾驶汽车、无人机以及智能医疗等需要通过从相关图像等视觉信号中提取并处理信息的领域，根据解决的问题不同，计算机视觉可分为计算成像学、图像理解、三维视觉、动态视觉和视频编解码五大类。

6. 生物特征识别

生物特征识别技术是指通过对个体生理或行为等生理特征的分析，进而对个体真实身份进行识别与鉴定的智能化身份认证技术。生物特征识别的整个过程通常分为注册和识别两个阶段：注册阶段主要是通过图像及语音传感器采集人体的人脸、虹膜、指纹、掌纹以及声纹、步态等多种生物特征信息数据，通过预处理技术对采集的数据进行处理，并提取相应的特征进行存储；识别阶段就是对提取的特征数据与存储的特征数据进行比对分析，完成身份识别、鉴定与认证。通过生物特征识别技术，既可完成一对多的辨认问题，即从存储特征数据库中确定待识别人身份的问题，也可完成一对一的确认问题，即将待识别人信息与存储数据库中特定单人信息数据进行比对进而确认身份的问题。

然而，单一的生物特征识别系统在实际应用中具有局限性，为了提高系统的性能，多生物特征识别开辟了一个新的方向。其主要运用数据融合方法，结合多种生理特征和行为特征进行身份鉴定，进一步提高识别的精确度和系统的安全可靠性。其中，数据融合指的是对多源信息进行有效的融合处理，主要通过数据层、特征层及决策层的融合来做出最优决策。多生物特征识别系统一般可以采用多个同一生物的特征融合和多种不同生物特征的融合两种方式工作。

目前，生物特征识别技术既涉及人脸、虹膜、指纹、掌纹等图像特征，也涉及音质、声纹等多种语音特征，所以，其注册与识别过程既涉及图像处理、机器学习，也涉及计算机视觉与语音识别等多项技术，而这些生物特征识别技术已广泛运用在教育、医疗、交通、刑侦及其他公共服务领域，为生活带来更多的便利和体验。

7.VR/AR

VR/AR（Virtual Reality / Augmented Reality）是以计算机为核心的新型视听技术，在结合获取与建模技术、分析与利用技术、交换与分发技术、展示与交互技术以及技术标准与评价体系五个不同的处理阶段技术及其他相关科学技术的基础上，在一定范围内模拟生成与真实环境在视觉、听觉、触觉等方面高度近似的数字化环境，用户只要借助必要的数据获取设备、显示设备、触觉交互设备等智能装备就可实现虚实环境无缝融合，实现与数字化环境中的对象进行全方位智能化与舒适化现场自然交互，甚至相互影响，进而获得近似真实环境的感受和情感体验。

这两种技术都分别为人类带来了不一样的感官体验，可以说，人人都体验到了其中的乐趣。像 VR/AR 这样的新科技已逐渐深入人们的日常生活之中，所以 VR/AR 时代也被称为第三代互联网时代。VR/AR 技术的日臻成熟也带动了大批新的产业的发展，其在各个领域也得到了广泛应用。

总之，人工智能技术在提高人们生产效率和生活质量方面显现出巨大潜力，既可以对传统产业链的生产、消费等经济活动环节进行重构，也可催生出新产品、新模式、新业态，彻底颠覆传统经济下的价值创造模式，重塑整个产业链。与此同时，人工智能技术的发展也将给各国数字经济发展带来巨大的挑战，例如，可能会对劳动力市场上的供求产生深远影响，可能导致工作岗位替代、传统职业消失、高数字技能员工供给不足，甚至冲击整个就业生态，导致新的政策与伦理道德问题。所以，人工智能技术对人类来说既是机遇也是挑战，人们在享受人工智能技术带来的红利的同时，也应把如何应对发展人工智能可能产生的挑战与问题纳入考虑范围之内。

（三）区块链辅助人工智能

目前，随着区块链和人工智能两大技术的飞速发展，越来越多的人开始将两者相提并论，探讨区块链与人工智能融合发展的可能性。如果说，人工智能是一种生产力，它能提高生产的效率，使人类更快、更有效地获得更多的财富，那么，区块链就是一种生产关系，可以决定生产力的发展。人工智能和区块链能够基于双方各自的优势实现互补。

1. 区块链与人工智能相互赋能

人工智能应用包含三个关键点：一是数据，二是算法，三是计算能力。人工智能与区块链两者融合，可以在这三点上相互赋能。

（1）数据层面

实际上，分布式并行计算并非仅在人工智能的神经网络领域中使用，在视频处理领域的分布式并行计算相较于串行计算，计算能力更强，因此，能够很好地服务于图像增强算法，从而提升图像或视频的分辨率。实际上，图像识别技术中的人工智能深度学习所使用的基础架构，也同样来自分布式并行计算对视频图像处理的研究积累。

并行计算相较于串行计算来说，可分为时间上的并行和空间上的并行。时间上的并行就是指流水线技术，多线程处理器就属于在时间上实现了并行，而空间上的并行则是指用多个处理器并发地执行计算，也就是核心数的增加。并行计算的目的就是提供单处理器无法提供的性能（处理器能力或存储器），使用多处理器求解单个问题。分布式计算研究如何把一个需要非常庞大的计算能力才能解决的问题分成许多小的部分，然后把这些分配给许多计算机进行处理，最后把这些计算结果综合起来得到最终的结果。并行计算和分布式计算两者是密切相关、相辅相成的，分布式并行计算必然会越来越普遍，逐渐发展成主流的计算模式并取代集中式的大型计算机。①

分布式算力是为分布式计算提供逻辑运行支撑的计算能力输出集合，包含了两大特点，即延展性与冗余性。由于整个逻辑运行被分配到多个不同的参与方当中，因此分配机制的确立确保了整个分布式计算网

① 王云，郭海峰，李炎鸿．数字经济区块链的脱虚向实［M］．北京：中国物资出版社，2018.

络可通过不断纳入新的参与方来增加整体的工作效率。此外，冗余性则体现在即使有失效节点的存在，在功能上也不会影响整个分布式计算系统的运作，仅能影响一定的处理效率，从而使得整个网络具有较高的容错性。

（2）算法层面

人工智能为区块链中相对粗糙的智能合约技术带来了福音，并有助于实现合约智能化。人工智能结合区块链智能合约，将从以下三个层面重塑全新的区块链技术应用能力。

第一，人工智能结合智能合约，可量化处理特定领域的问题，使智能合约具有一定的预测分析能力。例如，在保险反欺诈应用中，基于人工智能建模技术构建风控模型，通过运营商的电话号码不同排列的数据组合进行反欺诈预测，并依据智能合约的规则进行相应的处理。分布式人工智能从另一个层面来看就是一种分布式认知，被动体以及其他认知体都是某一认知体学习判断获得反馈的来源，某一个认知体通过一系列被动体做出反应并持续获得反馈与提升。基于人工智能的智能合约能够处理人脑无法预见的金融风险，在信用评级和风险定价方面比人脑更具有优势。

第二，每一个认知体对于一个人工智能系统来说都是在拓展其认知边界，各个认知体系统在本地化的传感器获取与数据分析中进行认知总结，可以提升对整个系统总体性的认知边界能力。就像在物联网与车联网场景当中，每一个传感器、车辆都在不同的环境与路况中做出反应，这些反应会成为整个网络所积累到的知识，从而自我更新再认知。人工智能的介入让其拥有仿生思维性进化的能力，每一个计算节点都是人工智能认知边界拓展的源泉与动力。就智能合约本身而言，通过人工智能引擎，在图形界面的模板和向导程序的指引下，能够将用户输入转化为复杂的智能合约代码，即生成符合用户和商业场景的"智能协议"。

第三，人工智能不断地通过学习和应用实践形成公共化的算力，当然，人工智能与智能合约的深度结合还需跨过法律和技术两重难关。尽管一些相对简单的合约通常可以将履约自动化，但对于更加复杂的合约，可能还需要人的介入来解决争议。在博弈类 AI 系统中，由于本身商业属性不强，因此，社区化的参与度较高，社区爱好者都由于共同兴趣和研究方向秉承资源分享的原则，为整个网络系统贡献出自己的 CPU 资源和设备电力。也因此，在商业模式清晰的 AI 应用当中，分布式算力的瓶颈还在于有效的经济激励机制的施行，而比特币及其底层的区块链则为分布式算力资源的激励提供了启发性的指导。

（3）计算能力层面

在理想的情况下，随机数生成器的随机性应该是可以被证明且事前无法被预测的，同时，它又是确定且事后能很容易被重现以验证的。P2P 网络的节点应该能够在开奖之后验证随机数生成器是否公平，一种可供验证的方式是通过事先公布随机选定的密钥的单向哈希值，在下一个区块产出，密钥被公布之后，参与者可以验证这个哈希值。通过委派给一个中心信任实体，这项工作便可以很容易地实现，但此方法有一个缺陷，任何一个知道了密钥的实体都可以通过提交经过挑选的交易来舞弊。因此，中心实体对于其他玩家而言有相对优势，密钥对于他们来说并不是那么随机，他们可以利用这一点。“分布式”意味着一个区块的随机数是由前一轮受托人所提供的密钥产生的，需要相信一个实体能长期持续地保持诚实，无疑是一个严重的缺点。

首先，通过传统 P2P 技术和创新比特币技术相结合，一种颠覆式的全分布式 P2P 网络概念浮出水面，该网络提倡共同的参与、透明的开放、平等的分享、公平的激励理念，在 P2P 网络环境中，成千上万台彼此连接的计算机都处于对等的地位，整个网络不依赖专用的集中服务器。网络中的每一台计算机既能充当网络服务的请求者，又对其他计算机的请求做出响应，提供资源和服务，系统能根据用户提供的资源多少奖励相应的数字货币。

其次，在商业模式清晰的 AI 应用当中，分布式算力的瓶颈还在于有效的经济激励机制的施行，而比特币及其底层的区块链则为分布式算力资源的激励提供了启发性的指导。在人工智能的自动驾驶、智能语音、图像识别等应用场景中，由于 AI 系统本身的商业价值，目前的算力投入仍然被限定在由某个公司或组织来集中进行，并售卖 AI 系统价值的服务。服务端与客户端分离的结构，导致公司付出了高额的投资在算法与算力当中，而客户端则承担高昂的服务使用费。由于商业组织模式的边界限制，即使使用了分布式算力的终端，也往往仅支持某个公司所生产的设备。因此，中心化的模式并没有很好地完成资源的有效分配。

最后，区块链通过奖励数字代币激励用户分享算力来维持整个网络稳定的机制，而同样的机制也适用于人工智能领域的分布式计算，也只有将区块链与分布式计算相结合，才能够将虚拟化的算力资源通过利用区块链分布式账本的安全可信、私钥自管、可追溯特点构建为有价值的数字资产。虚拟化资源将能够通过区块链数字资产的计价得到更为合理而高效的分配，而作为人工智能进化动力重要组成部分的算力也将从广大的分布式设备中得到进一步的挖掘与利用。

2. 区块链与人工智能技术深度融合

人工智能的发展需要算力的支撑，数据是"喂养"机器学习的资料。分布式计算和云算力的进一步发展，使得算力能以较低成本获得。人工智能为区块链中相对粗糙的智能合约技术带来了福音，并有助于实现合约智能化。随着物联网设备的增加和互联网的深入发展，数据的规模和类型也越来越多，但是，伴随着数字化社会的形成，安全、隐私和伦理问题逐渐产生，这引起了人们的广泛探讨。

（1）分布式自治保障人工智能数据安全

认知计算的成功并不以图灵测试或模拟人类的能力作为判断标准，它的标准更加实际，贴近每个人的生活。因此，在人工智能大规模落地之前，数据安全和隐私问题亟待解决，在隐私轻易被泄露和创作被轻易侵权的今天，社会公众只有信任人工智能技术能够给人类带来的安全利益远大于伤害，才能发展人工智能。因为人工智能的发展伴随着越来越多的个人数据被记录和分析，而在这个过程中保护个人隐私、明确数据的所有权和使用边界是社会信任能够增加的重要条件。

人工智能模式可能将多台设备连在同一个网络上，在遭受黑客攻击时可能相关联的部分都会被控制，造成恶劣影响。运行在区块链上的人工智能更可能聚合大量数据和模型，极易成为黑客攻击的目标。在区块链上存储原始数据和文件的哈希表，通过哈希算法来验证其他拷贝，并将结果与区块链上存储的数据进行对比。由于区块链上的数据储存在百万计的节点上，任何数据篡改都会被及时发现。另外，此类技术还可以应用在对透明度、细粒度数据要求高的领域，比如医疗行业。医疗机构需要处理大量敏感数据，极容易成为黑客攻击的目标。区块链技术可以在跨机构验证、分享病人完整数据、生成不可篡改的治疗流程数据账本记录、维护临床试验采集数据的完整性上发挥作用。

分布式存储系统也可为区块链上数据安全提供解决方案，使用以太坊区块链和星际互联文件系统来注册和解析域名。利用区块链存储 DNS 条目，可提高安全性，公开透明的分布式 DNS，将使任何单一实体几乎不可能随意操纵条目。而且，区块链技术将消除与 DNS 读取相关的网络费用，只会增加更新条目的成本，这有利于解决互联网基础设施的压力，这也意味着可以消除传统 DNS 的许多冗余。

区块链具有数据加密、不可篡改、来源可溯的特点，作为安全的分布式自治网络基础设施有望成为下一代互联网。未来区块链可能改变许多行业的商业模式，使人们从信任一个中介机构转而信任一个不可人为操控的智能合约。在价值互联网上，数据及数据产品可作为所有权明晰的资产流通起来，共享生态将激发创新，从而有利于创造出新的社会价值。人工智能具备自主决策能力，能够调度资源并不断进化，区块链可为其提供发展的土壤，给予 AI 所需要的数据、算法和算力，两者结合将有助于发展出更强大的人工智能系统。

（2）区块链为数据的安全流通搭建桥梁

数据在人工智能的许多领域可能异常有效，许多公司通过各种产品收集用户数据，不断迭代产品使其获得用户的青睐。正是因为互联网时代的这种竞争，企业和机构纷纷建立起自己的数据"护城河"。但是，每个企业都希望获得更多的横向数据，从而建立更大的消费者数据库去更好地指导业务拓展。因此，企业或机构一边希望获得跟业务或用户相关的数据，一边又担心自己数据会泄露。许多公司认为数据共享带来的风险高于回报而不愿提供自己的数据，这就是现有数据交换中心面临的困境。

由于人工智能在算法优化阶段需要投入大量的算力，除了算力巨大的投入外，还需要集合全球爱好者的算力资源，来持续为人工智能算法进行优化运算。可见，集合全球人工智能爱好者所共享的分布式算力已经能够为一个单一领域的人工智能算法优化提供强大的支持。例如，深度学习社区与计算机围棋爱好者社区，通过分享各自的 CPU，在深度学习的过程中不断获得算力的输出，对算法持续地进行着判断权重的优化。有观点认为，算力的输出实际上集中在算法的优化，实际的运转仅需要少量的算力执行优化过的算法就行，但实际上算法的优化就来自反复博弈，每一个算力参与节点都是在不停地进行自我博弈，自我博弈的过程往往使用的是这个节点的本地算力，但过程与结果会在事后向整个网络进行同步反馈，成为整体的学习成果。

（3）区块链加密性保护AI创作版权

人类的大脑是有逻辑和创造力的，逻辑是有序的，而创意和直觉可以是凌乱的，很难预测，人是通过什么样的机制达到最佳创作状态的，又是如何激发灵感产生独创性作品的。人工智能在模拟创作方面，深度学习算法已经取得突破，在互联网快速发展的今天，艺术家通过数字化工具创作的数字艺术、网络文学作品已经成为传统行业中不可忽视的重要部分，便捷的网络带来分享和传播便利的同时也面临盗版泛滥的问题。无论是人类创作还是AI创作，这都是无法回避的挑战。

共享到区块链上的数据本身具备资产属性，可以直接交易与变现。区块链可以标记创作的来源和去向，智能合约在开放平台上出售作品使用权时，可以自动完成版税支付并颁发授权许可，对创作者直接形成激励，并可能成为一个数据共享的驱动力。在AI支持下，算法通过学习1~10小时就能模拟出风格鲜明的绘画作品、音乐作品，而消费者可能因为喜爱这种风格而接受此类产品，这就意味着只要研发出一种算法就可能产出大量名家的模仿作品，成为创作市场争相追逐的对象。同时，这将改变艺术、设计、文学、新闻及影视文化等诸多创作行业的版权保护现状，进一步促进文艺行业的全球化传播和数字化发展。

区块链能够为人工智能带来全球规模的数据、算法和算力，助其成为自主进化的高级人工智能。在安全的范围内，可以预见区块链对人工智能应用落地的助力，区块链的分布式和加密性可使个体或机构放下疑虑共享数据，并在授权他方使用中获得收益，这种激励必将促进行业繁荣兴盛。

（四）人工智能与财务信息化

随着互联网、人工智能及区块链技术的快速发展，我国财务工作也呈现多种发展路径。智能财务将人工智能技术与财务工作相融合，以优化算法、大数据分析、云计算等高新科技为核心要素，全面赋能财务工作，提升财务工作的服务效率，拓展财务工作的覆盖范围及纵深，实现财务工作的智能化、个性化、定制化。智能财务基于不断成熟的人工智能技术在财务工作的应用，逐渐获得财务工作者的认同，其具体应用包括以下几个方面。

区块链是一种分布式数据库技术，具有防篡改、可追溯等作用，在智能财务领域，可以具有确保数据的真实完整性以及分布式数据处理等优势。智能财务以人工智能、大数据及云计算为主要依托，其中，大数据是智能财务的核心，云计算则是智能财务的实现工具。利用区块链的分布式数据存储技术，可以确保海量数据的难以篡改和可追溯性，在确保数据准确性的同时实现智能财务的精准定位，打造财务信任平台。区块链技术在智能获客、大数据风控和智能投顾等场景具有较大的发挥空间。

1. 智能获客

智能获客是以大数据为基础，通过数据分析和特征提取技术对财务服务用户进行画像，并通过建立不同需求的响应输出模型，提升获客效率。对于垂直创业企业来讲，获客成本至关重要，随着互联网的快速发展，市场流量竞争愈演愈烈，流量获取成本大大提高，严重限制了中小型企业的发展。智能获客通过人工智能技术进行场景创新，形成了新型的低成本获客模式，该模式主要是将智能技术与产品运营相结合，而不是粗暴的流量买卖，可以帮助中小型企业提高获客效率和精准度。在智能获客方面，区块链技术可以更准确地提供用户信息画像，为用户提供准确的匹配服务，提高业务效率。尤其是对于目前的互联网财务工作来说，更是获益匪浅。

2. 大数据风控

大数据风控是指结合大数据分析、云计算、智能分析算法，搭建反欺诈、信用风险评估模型，从多维度、全方位控制财务工作的操作风险。即通过海量数据优化风险评估模型的方法找到模型最优配置参数，从而对借款人进行风险控制和风险提示，同时避免资产损失。传统的风控技术多由各机构自己的风控团队以人工的方式进行经验控制，但随着互联网技术的不断发展，整个社会发展大力提速，传统的风控方式已逐渐不能支撑机构的业务扩展。在风险控制方面，区块链技术可以提高风控数字模型的准确性，提供更有效的风控服务。而大数据对多维度、大量数据的智能处理，批量标准化的执行流程，更能贴合信息时代风控业务的发展要求。越来越激烈的行业竞争，也正是现今大数据风控如此火热的重要原因。

3. 智能投顾

智能投顾是指基于大数据和算法能力,对用户与资产信息进行标签化地精准匹配。智能投顾又称为机器人理财,是基于客户自身理财需求,通过数据分析和搜索算法提供更加科学精准的理财顾问服务。根据投资者提供的风险承受能力、收益预期目标以及个人风格偏好等要求,运用一系列智能匹配算法及投资组合优化理论模型,为用户提供最终的投资参考,并根据市场的动态对资产配置再平衡提供建议。智能投顾可以利用区块链技术进行数据存储和处理,在确保数据完整性和安全性的同时,利用分布式网络结构可以实现数据并行处理,以此提高数据的安全性和处理效率。目前,智能投顾主要包括智能选基金、智能调仓、智能服务等业务。

第二节　“大智移云”技术助力财务共享建设

随着“大智移云”——大数据、人工智能、移动互联网、云计算等技术的快速发展,数据成了企业新的生产要素和核心的生产资料,最终引发企业的生产方式、管理行为和商业模式的变革。

一、“大智移云”时代财务转型与变革的趋势

（一）财务工作的标准化、自动化、智能化

传统的会计核算大多采用“人—机”结合的半自动方式,而“大智移云”技术在财务领域的应用为财务管理向全自动化、智能化方向发展提供了可能。越来越多的企业集团开始建设财务共享服务中心,通过流程再造和统一标准,集中处理交易频繁的核算类业务。而 RPA 已经可以取代人工,用于处理一些简单重复、量大易错的规则性业务,如发票开具与认证、凭证录入与审核、自动对账等,并且,可以模仿人的操作和判断,通过大数据的收集分析,在财务分析、收入预测、风险管理、反舞

弊、税务筹划等方面给予智能化的解决方案。

（二）财务边界的模糊化

“大智移云”时代，企业获得决策信息的成本更低、速度更快、针对性更强，企业内部的“信息孤岛”将被打破。财务管理需要将业务决策、项目管理、预算控制、成本优化等融为一体，且通过信息系统将所有管理内容数据化、模块化。企业应用大数据处理财务管理问题时，不仅仅要收集财务数据，也要收集表面上看起来与财务“完全不相关”的数据。财务部门与业务部门共同调取、选择和分析数据，财务的首要任务已发生改变，从原来的将事后业务信息加工成会计语言转向了向业务提供辅助决策。企业的最高管理层越来越希望财务管理扮演催化剂和价值整合者的角色，这不仅仅是削减成本和管理风险，而且是推动增长和制定战略。这些新的要求将需要财务全面提升数据整合和分析能力，而新技术（如机器人流程自动化、人工智能和高级分析）将会助力加速实现上述目标。

（三）财务职能“三位一体化”

随着企业纷纷寻求实现数字化和平台化转型方式，新的价值链和开放共享平台的重要性与日俱增，需要重构财务组织，以增强其敏捷性和适应力。财务管理模式将逐步发展为“战略财务、业务财务、核算财务”三位一体的财务管控新体系。这将打破现有的财务组织分散、独立的局面，促使企业重新规划财务组织框架。将内部重复性的、非关键业务相关的财务职能和流程（主要包括费用报销、会计核算、资金管理、税务管理、档案管理等）集中在财务共享服务中心，通过批量处理的规模效应来提升效率，降低企业的运营成本（核算财务）；更多的财务人员与业务人员组成新的业务团队，将财务管理的预算管理、成本管理、绩效管理等职能渗透到企业运行的每一个环节中，更加专注于业务支持与发展（业务财务）；总部财务发挥财务大脑功能，基于日常财务业务数据，分析企业财务状况并以宏观环境、行业发展和公司业务战略为导向，进行财务战略规划、投融资管理、资本运作、风险管理、内部控制、投资者关系管理等，以促进企业战略落地（战略财务）。

（四）财务人员的复合化

“大智移云”技术对财务人员的素质和技能提出了更高的要求。随着数字技术的不断发展，一些基础型财务工作会逐渐实现自动化，由机器人取代。未来，既懂财务又懂信息技术、既懂数据建模又懂数据分析、既懂管理又懂商业决策的财务人员，将成为财务部门的急需人才。埃森哲在《数字化转型：CFO 新使命》的报告中，调研了 100 家中国企业，90% 的财务高管希望未来能在“参与商业模式创新的规划与实施、建立新业务下的财务标准和政策；为企业提供深具见地的数据分析；企业新业务的布局和数字技术应用”三个方面发挥更大影响。德勤 2018 年的报告《关键时刻——数字化世界的财务》认为，云、流程机器人、可视化技术、高级分析、认知计算和人工智能、内存计算、区块链七项技术对财务的影响越发显著，它们共同构筑了新时代下的财务工具集成。

二、“大智移云”各因素对财务共享建设的冲击及意义

企业财务共享这一概念的提出，主要目的在于减少企业管理人数与层级，便于用高效的手段实现企业信息共享。当前，要想推进企业财务共享快速发展，就需要充分利用“大智移云”技术。

（一）大数据对建立企业财务共享的冲击及意义

1. 财务信息呈现“大数据”的特点

在大数据时代背景下，随着企业经营范围的不断扩大，财务信息呈现“大数据”的特点，即规模性、快速性与多样性。

第一，在大数据时代下，全球的数据增长速度非常快，随着企业经营范围扩大，与之相关的财务信息必然迅速发展，如果企业的财务效率赶不上业务活动的发生速度，那么，必然造成财务困境与财务挤压，也很难维持正常的企业经营。也就是说，在大数据时代，财务信息迅速膨胀。

第二，在大数据时代下，数据形式多样，传统的数据形式主要以数字、文本为主，但是新型的数据形式有感知数据、网页等形式。由于随着企业经营的发展，财务信息也会迅速增加，多数企业目前的财务信息系统能够将财务信息转向数字化的毕竟有限，因此还需要财务人员从大量

的纸质材料中获取财务信息，而大数据时代的到来恰好能帮助财务人员解决这一问题，能够将这些纸质发票、合同等进行数据化处理，帮助财务人员加快传递财务信息的速度。

2. 信息的种类与格式呈现多样化特色

企业信息包括两类：一类是财务信息，另一类是非财务信息，前者主要以货币作为计量单位，对经济事项展开记录、确认、报告等，并提供相关会计主体的财务状况、现金流量等内容；后者主要是与企业生产经营相关的那些非财务数据形式的信息，如顾客满意程度等。企业应该将这两种信息结合起来，并在此基础上做出生产经营决策，降低企业运营风险。但是，由于非财务信息具有较差的可比性、较高的记录成本等，并未充分发挥出来，现在，企业多以财务信息为主。在大数据时代下，随着大数据计量成本下降，很多非财务信息也开始被记录、存储，这更加提升了企业的管理能力。

随着信息使用者需求的增加，传统的结构化数据已经很难满足企业的要求，因此，大数据时代的非结构化数据也被重视起来，并被普遍运用。在大数据时代背景下，数据信息有着广泛的来源，涉及网络点击、电子商务等，这些主要来自结构化数据，还有一些来自非结构化数据，如邮件、微博、视频等。在数据时代，企业应该利用这些结构化数据与非结构化数据，展开定量分析，发现数据之间的紧密联系，从而为企业确定业务发展方向。

3. 财务职能从价值保值向价值创造转变

传统的财务共享服务职能主要是价值保值，涉及会计核算、资金结算、应收应付管理、财务报表等。随着大数据时代的到来，财务共享服务中心由之前的报账中心、费用中心、结算中心，逐渐向数据中心转移，从而为企业提供充分的数据信息。

在大数据时代背景下，企业能否对财务数据进行科学的利用，能否通过数据对财务状况、财务风险进行把控，对企业的未来发展至关重要。运用大数据技术，企业可以对大量碎片化数据进行整理、分析、报告等，从而满足企业的决策需要，并且根据自身需要对财务分析工作进行变革,从而为企业创造价值服务。[①]

（二）人工智能对建立企业财务共享的冲击及意义

1. 收集、处理与分析数据的自动化

人工智能自身的学习感知能力,可以被广泛应用于各个领域。在财务管理层面,人工智能可以对会计核算要素进行选择、对成本费用的合理性进行自动识别等,即能够自动化处理财务共享服务中心的主要工作。

人工智能不受时空限制,各个分支结构可以运用这一虚拟系统对财务工作加以简化。人工智能能够帮助企业收集结构化数据、非结构化数据等,对财务数据进行实时处理和共享,企业基于财务数据分析做出决策,从而把握商机。

与传统的经营预测方式相比,人工智能财务管理可以对相关信息进行全方位的收集,并从多个角度、多个层次预测与企业经营相关的数据指标,使财务工作从传统的数据记录转向数据分析与数据处理。

2. 业财融合成为必然的发展趋势

传统的财务管理由于受到了技术、业务限制,导致企业财务与业务出现了分离的情况。财务共享服务中心虽然能够对财务工作展开集中化处理,提升企业的财务处理速度,但是,就本质而言,那些不增值的作业环节并未得到消除,因此,仍旧很难实现企业价值的最大化。

也就是说,企业只有将财务与业务紧密地衔接起来,准确定位生产经营中的市场变化、成本费用等信息,然后,将这些信息传递给财务部门,充分发挥财务管理的职能。可见,建立业财融合的财务共享平台显得非常重要。

（三）移动互联网（移动物联网）对建立企业财务共享的冲击及意义

1. 打破共享服务的时空限制

随着移动互联网技术的发展,越来越多的企业开始运用移动互联网

① 张锋军．大数据技术研究综述[J].通信技术，2014（11）.

来建构财务共享服务中心,使其可以突破时空的限制,提升运营效率和水平。

一些企业曾经在2G时代就尝试用手机短信、微信等方式实现移动审批,但是,由于受到网络条件的限制,能够交互的信息非常少,只能进行一些简单的移动审批。之后,随着网络条件不断改善,APP也不断出现和应用,因此,一些复杂的移动审批也逐渐实现。企业可以根据自身需要开发一款专用APP,员工将申请提交到APP,老板看到提醒之后自动审批,这样,节省了员工为了找领导签字而奔波的麻烦,节省的时间可以让员工专注于其他更有价值的活动中。

2. 运营管理移动化

运用移动互联网技术,财务共享服务可以将其管理体系转移到移动端。在目标管理层面,员工可以随时通过移动设备查询财务共享服务中心的目标,并进行探讨,帮助其明确改善的方面。在绩效管理层面,注重企业目标与员工目标之间的协同,使二者共同成长,财务共享服务中心负责员工考勤、出差等,这些都将作为绩效考核的一部分,员工通过移动设备就可以查看自身的考核结果。在人员管理层面,企业可以通过移动设备对员工进行再现培训,定期了解员工的知识水平与学习情况等。

3. 费用管理移动化

移动互联网的发展为企业财务共享服务中心建立费用控制系统提供了条件,使得员工报销更为方便、更为智能,有效解决了员工报账难的问题。当前,市场上存在多种报账系统,企业可以自行构建自己的系统,也可以购买系统,员工通过在APP上提交差旅费申请等,上传单据凭证,部门领导可以看到这一项提醒并进行审批,财务人员也可以根据凭证及时入账,实现即报即得。

(四)云计算对建立企业财务共享的冲击及意义

1. 系统建设"云化"

运用移动互联网与云计算技术,财务共享服务中心能够为客户提供

5A 服务①（见图 3–17）。

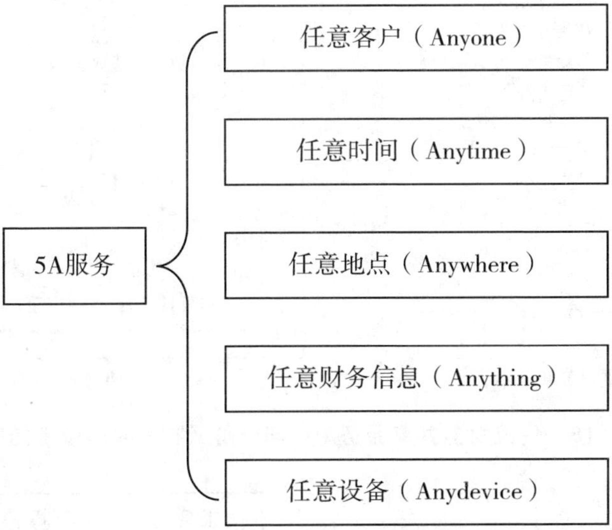

图 3–17 5A 服务

也就是说，客户即便不知道财务共享服务中心的地点，也不明确财务云业务的流程，也可以通过移动设备发起申请，财务共享服务中心会看到这一申请，根据其申请为客户提供信息。可见，在"大智移云"背景下，企业的财务共享服务中心更加"云化"。

财务云是财务共享服务中心运用大智移云技术发展而来的。财务云对企业财务共享服务平台与企业信息系统加以整合，使其成为企业信息系统的一部分，并将各个子公司的 ERP 系统等迁移到云端，通过云平台对信息进行共享。传统的财务共享服务中心与财务云存在明显的区别（见图 3–18）②。

2. 组织架构"云化"

随着云计算技术的不断进步与发展，财务共享服务中心的组织架构逐渐向云端与客户端转化，且包含多个层次（见图 3–19）③。

---

① 何永利 . 云计算在财务共享服务中心建设中的应用 [J]. 新理财，2016（2）.
② 李菁菁 . 大智移云背景下企业财务共享服务中心建设研究——以中兴通讯集团为例 [D]. 武汉：东南财经大学，2020.
③ 褚燕 . 云财务共享服务模式设计——以费用报销流程为例 [J]. 价值工程，2015（2）.

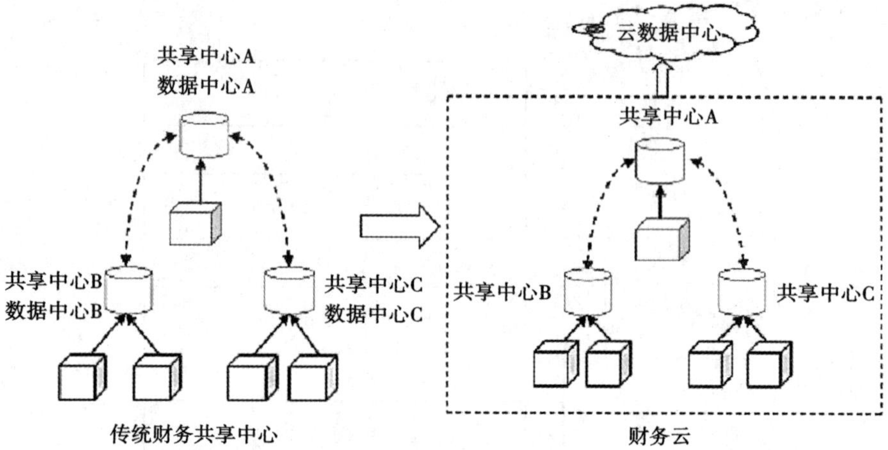

图 3-18　传统财务共享服务中心与财务云在系统建设上的区别

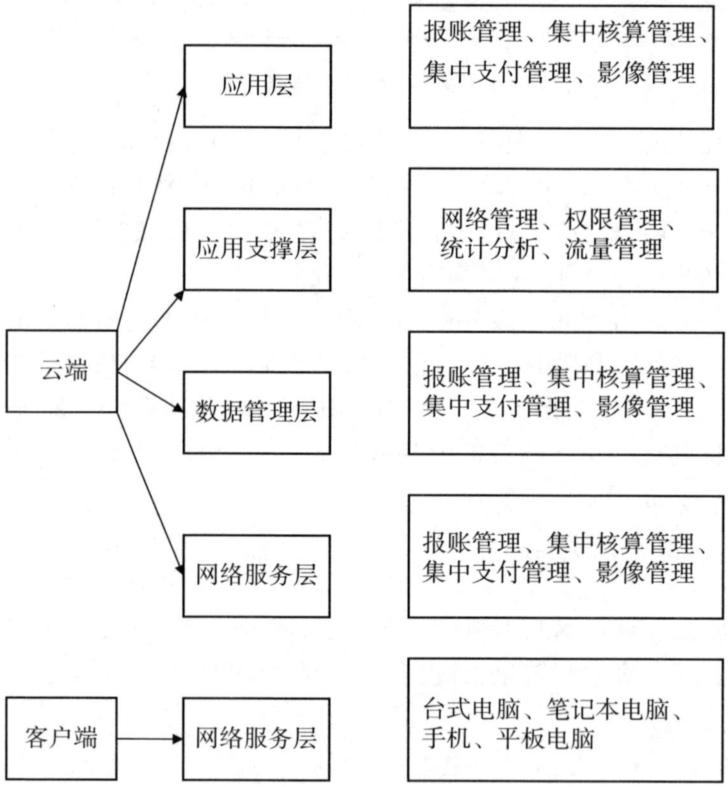

图 3-19　基于云计算的财务共享服务中心组织架构图

三、"大智移云"时代财务共享建设的策略与路径

为了满足财务共享服务中心的更高需求，企业必须推动财务管理的数字化转变。这需要对财务整体进行变革、重构和优化，是一个繁杂庞大的系统工程，不仅需要财务部门自身提高思想认识，而且需要由企业的最高管理当局从战略的高度推动。围绕"核算财务—业务财务—战略财务"三位一体的财务管控新体系，提出以下财务共享服务中心建设策略和路径。

（一）建立财务共享服务中心，实现组织再造，流程再造

财务共享服务中心为财务转型提供数据基础、管理基础和组织基础。它通过观念再造、流程再造、组织再造、人员再造、系统再造，将集团企业分散在各个运营中心中易于标准化和规范化、可通过信息技术实现自动处理的财务业务集中到相对独立的财务共享服务中心处理，从而降低成本、提高效率。建设财务共享服务中心，首先依赖于企业文化和价值观的指引。最高层应当培育和推广财务共享服务的理念，并将这种变革的理念转变为统一的行为准则。同时，充分结合企业的战略和管控模式对财务共享服务中心进行定位，并通过运行机制和组织结构、制度建设、工作流程体系、技术开发为其有效运转提供保障。

建设财务共享服务中心，实现财务的标准化流程。财务管理的标准化包括统一的会计政策、统一的会计科目、统一的业务处理流程等。企业集团需要由总部制定统一流程模板、规范化作业手册，以标准模式自上而下地推进。

财务共享服务中心需要 IT 系统的集成建设，这是建设财务共享服务中心的"基础设施"。IT 系统支撑包括统一的数据标准体系、各业务系统的集成和数据共享、自动归集。

业务系统之间的集成需特别关注主数据（Master Data）管理。主数据是企业 IT 系统中最基本的业务主体数据，可以跨越业务系统边界被重复使用，如客商信息、组织信息、员工信息、物料信息、结算信息等，是各个业务系统公用的基础数据，具有唯一识别性等特点。业务系统的集成必须对各异构系统的基础数据进行清洗和整合，建立主数据标准，并将该标准统一分发至各业务系统，实现数据的标准化、共享化，避免形

成“信息孤岛”。

财务共享服务中心的建立，是对企业集团财务组织的重构。财务组织将由战略财务部、财务共享服务中心组织，分别承担着战略财务、核算财务的职能，财务工作的中心将向业务支持和战略支持方向转移，进而实现财务的战略性重构。

（二）引入财务机器人，实现自动化

财务共享服务中心建立后，核算财务工作专业化分工越来越细，其业务基于确定的流程趋于结构化、标准化，为 RPA 的应用提供了良好的运行基础和实施环境。业务流程高度标准化以后，可以借助 RPA 来处理这些重复、机械的任务，大幅度提升工作效率、保证工作质量，进一步把财务人员从基础的核算工作中解放出来，投入更大的精力从事更有价值的工作。有研究表明，40% 的财务活动可以完全实现自动化，另有 17% 的活动可以大部分自动化。财务部门应在规模化地应用 RPA 之前，首先应进行试点和测试，对已有的流程和规则进行验证。可以先在某些小型项目中进行试点，然后让财务内部最关键的任务实现数字化。同时，由于 RPA 将形成岗位替代效应，管理者需要考虑哪些工作仍应交给员工处理，需要保留哪些岗位和这些员工应当专注的工作任务。①

（三）建设智能财务分析平台，实现数据可视化分析和深度挖掘

智能财务的工作内容，不仅仅是财务机器人的应用，更重要的还有业财融合、决策支持。财务的决策支持职能，需要更加深入业务前端。除了结构化的财务报表数据，越来越多反映着客户需求变化、能对业务产生影响的非结构化数据日渐增加且举足轻重。企业集团的中央数据仓库是智能财务分析的数据来源，企业集团大多已经建立了比较完善的 OA、ERP 等 OLTP（On-line Transaction Processing，在线事务处理）系统，收集并存储了大量的数据。但是，在数据库中分散、独立存在的大量数据对于业务决策来说，只是一些无法看懂、难以理解并从中受益的抽象信息。因此，建立 OLAP（On-Line Analytical Processing，联机分析处理）系统，对数据进行挖掘和交互分析，使得管理者能够充分掌握、利

① 路迪．大智移云背景下企业财务共享服务中心建设分析 [J]. 财会研究，2021（3）.

用这些信息，就成了未来财务工作的重要内容。

数据可视化技术为财务智能分析提供了支持，它可以利用图形、图像处理、计算机视觉，对数据进行立体、动态的显示。通过云计算、大数据和人工智能等技术，采集围绕企业经营发生的社交数据、消费数据、地理信息数据、交易数据、行为数据等进行建模与分析，并通过可视化技术多维显示数据，展现数据关联，帮助决策者掌握客户消费习惯、需求变化、交易偏好等，从而透彻地理解业务、洞察商业模式，进而采取前瞻性的策略来改善其业务，为经营管理提供高质量的信息支持。

（四）对财务人员自身进行革命性重塑

财务的数字化转型，需要对财务人员、理念、流程等方面进行全方位打通，以数据化的思维建立内外部连接、共享、协同机制。理念变革既是技术变革的产物，也是推动技术变革的基础。财务共享服务中心、财务机器人、智能财务分析平台等技术手段的深度应用，需要财务人员对自身进行革命，从而适应并推动财务变革，赢得未来的竞争。

首先，要有业务思维。要超越财务思维，从业务的角度思考财务问题。财务人员不能仅仅满足基础财务工作，更重要的是要具备洞察业务的能力和超越财务界限的战略全局观。财务机器人解放了财务人员，但是如果财务人员不能熟悉企业业务模式，难以深入价值链环节挖掘有用的信息，不能从管理会计的角度去支持、影响业务的发展并提出管理建议，那不久的将来就会被财务机器人替代。

其次，要有价值思维。传统财务管理关注的重点是如何为企业降本增效，防范风险，没有意识到财务管理的价值创造职能。未来，财务人员要意识到，财务工作在企业“业务循环、管理循环和信息循环”三大循环中处于核心地位，财务工作的使命是为管理循环和业务循环提供支持，并为企业创造价值。要树立财务绩效导向，一切财务活动均以推动企业业绩增长为第一要务，任何与绩效无关的财务活动均是毫无意义的工作。

再次，要有数据化思维。“大智移云”时代，信息技术成了财务创新与转型的重要工具，也成了财务人员必须具备的基本素养。包括RPA技术在内的信息技术更新频率越来越快，如果不了解信息技术领域的新变化并主动学习，那么就难以构建职业技能竞争力，无法驾驭未来的财务工作。传统会计是一种静态数据核算，而财务的数字化变革，需要财务管理者深入企业价值链中，从上游厂商、中游产品、下游客户全方位地审视数据，理解业务，并利用专业的财务知识建立数据模型，剖析业务，提供决策支持。未来，大部分的财务人员需要从事数据分析的工作，这要求其要走出账册思维，从结构化数据（主要是报表数据）思维过渡到大数据思维，并通过增强数据分析、数据测试、数据查询、数据建模等技能提高数据挖掘和分析能力，助推决策。

最后，要有战略思维。高级财务管理者作为未来智能财务管理下的财务大脑，要具备战略远见，洞察技术变革、产业发展方向和新的商业模式，掌握公司治理、风险管理、资本运作等专业知识，从而带领团队赢得未来。

第四章　财务共享服务中心的建设

集团根据战略定位进行战略管理，有效管控整个集团公司，而建立财务共享服务中心能够推进集团财务标准化和集中化，有效实施集团战略管理决策、信息整合决策等有关决策，提升集团财务管理水平和财务风险防范能力，为集团战略决策提供支持服务。本章主要对财务共享服务中心的建设展开研究，主要包括财务共享服务中心的框架与组织、业务流程建设以及科学化运营等内容。

第一节　财务共享服务中心的框架与组织

一、财务共享服务中心的框架设计

财务共享服务中心的框架设计主要包括以下几个方面的内容。

（一）组织架构设计

公司经营战略、财务战略是设计财务共享服务中心的组织架构和进行组织变革的主要依据，财务共享服务中心的未来设计方向是以对共享服务中心的定位为依据而确定的。

在财务共享服务中心的组织架构设计中，首先要将主要的运营职责和管理职责明确下来，并对汇报关系予以明确，建立与其他组织的沟通机制，然后以运营职责和管理职责为依据，设置与划分内部职能。

设置财务共享服务中心的内部职能架构，划分服务中心的内部职能，都要建立在明确组织职能的基础上，要尽可能保证工作量和技能要求的统一性、业务流程的通畅性。从内外两个角度可以将财务共享服务中心分为两个部分，一是业务运营，二是内部管理，这两个部分又各自包含不同的模块，具体如表 4-1 所示。

表 4-1　财务共享服务中心的模块划分[①]

财务共享服务中心		业务
业务运营	会计运营模块	（1）核算 （2）资金支付 （3）其他
	财务管理支持模块	（1）研究制定政策制度 （2）财务数据管理 （3）提供财务报表 （4）其他

① 张庆龙，潘丽靖，张羽瑶．财务转型始于共享服务 [M]. 北京：中国财政经济出版社，2015.

续表

财务共享服务中心		业务
内部管理	运营支持模块	(1)人员管理 (2)行政管理 (3)培训 (4)客户服务 (5)其他
	质量提升模块	(1)绩效分析 (2)内部稽核 (3)质量管理 (4)运营优化等

(二)办公选址设计

办公选址设计这一环节相对比较简单,主要任务是选好办公地点。一般要求基于对职场成本、人才供应量、人力成本、网络通信环境等要素的综合考虑来选择。如果是跨国企业,那么当地的政治环境、自然环境、税收政策等也是必须要考虑的因素。此外,公司发展战略也是影响办公地点选择的一个重要因素。

从我国一些企业的财务共享服务中心的选址来看,有的企业选择在总部职能城市建立财务共享服务中心;有的企业在某些城市的后援中心建立财务共享服务中心;还有一些企业选择在一线城市的繁华地区建立财务共享服务中心,这主要是基于对人员稳定等因素的考虑而决定的。

(三)财务职责及范围设计

在财务共享服务中心财务职责及范围的设计中,需要先拆分原来的财务业务(如会计核算、财务数据及报表、资金管理、税务管理等),然后上收到财务共享服务中心,形成新的财务业务职责范围。

拆分原来的财务业务时,需要从公司行业特点出发,重点贯彻以下几个方面的原则。

(1)易获取:可集中获取数据或服务。

(2)规模化:业务量大且重复发生的业务。

(3)相对独立:客户对面对面接触的诉求较低。

(4)标准化:通过优化改造实现标准化的业务流程。

（5）自动化：自动化要求高，可以通过信息化建设实现跨区域作业。

（6）管控力：通过集中操作，有助于风险管控，强化总部管控。

（四）财务共享业务流程设计

在财务共享服务中心的框架设计中，业务流程设计是非常重要的一环，未来业务执行的效率和质量直接取决于流程设计是否顺畅，而且，顺畅的业务流程也是财务共享服务中心信息化建设的基础条件，后期系统自动化投入的程度也直接取决于流程最初设计的流畅与完善程度。

设计财务共享服务中心的业务流程还需要处理好一系列相关问题，如明确职责、管控风险、提升业务处理时效、落实人员编制等。业务流程的设计也会影响前后端业务流程的改造，如果在业务流程的设计中对前后端的业务流程予以考虑，则能够使财务业务流程的实施更加顺畅，而且也会大大提高公司的整体经营效率。

设计财务共享服务中心的业务流程要遵循全业务、全流程及整合性等重要原则。

1. 全业务原则

要完整考虑将原财务业务拆分后，收入共享中心的各类业务，以确保没有任何一个问题点被遗留。

2. 全流程原则

从业务发生的第一个事项开始直到事项结束都要纳入财务业务流程的设计中，要考虑整个流程，不能有任何一个环节被遗漏。

3. 整合性原则

任何一个财务事项的发生都不是独立的，因此，在财务共享业务流程设计中，要从全局视角出发进行整体考虑，集团各级机构应有机整合各项核心财务流程、各个事项处理流程。

（五）财务共享运营模式设计

在财务共享服务中心的组织架构中，不可避免地要涉及内部管理方式，也就是财务共享运营模式。作为一个组织实体，财务共享服务中心的业务具有标准化、规模化等特点，为企业提供相关财务服务，是企业进行集中管控的一个重要手段。

从财务共享的特点来看，财务共享需要具备多方面的运营管理职能，在财务共享运营模式设计中，要突出完善这些职能，下面就简单一下这些职能。

1. 内部稽核管理

财务共享服务中心，要在内部构建与完善包括资金支付稽核、账务稽核、业务流程稽核等在内的内部稽核体系，以便于更好地提供对外服务，保证对外服务质量。

2. 标准化管理

对可复制性的重复性工作，要制定统一标准和程序，将重叠机构和重复业务消除，以促进财务共享服务中心工作效率与服务水平的提升。

在标准化管理中，要先制定标准、规范的管理流程，并重点管理这些流程的实施情况。

3. 绩效管理

设定财务共享服务中心财务业务的整体目标，采用绩效管理法对绩效目标达成情况进行定期考核，以保证服务中心的平稳运营。

4. 内部财务管理

财务共享服务中心就像一个小规模企业，每年都会有成本投入和产出收益，因此，有必要进行内部财务管理。

5. 人力资源管理

财务共享服务中心的业务模式不同于一般企业的业务模式，因此，在人力资源管理方面也要采用不同的方式进行管理。

在财务共享服务中心的建设过程中，一般要经历项目期、初建期和成熟期等几个不同的时期，不同时期要采取不同的人力资源管理策略。

需要注意的是，流水线的作业人员在单调重复的工作中容易感到枯燥、无趣，这会影响他们工作的持续性和稳定性，因此，要特别注意对这类人力资源的管理，加强企业文化建设，开展团建和培训工作，稳定人力资源队伍。

6. 运营优化

采用内部稽核管理、标准化管理、绩效管理等管理方式，能够发现财务共享服务中心运营中有关工作效率、工作质量的一些问题。对此，需要加强对业务优化机制的建立与完善，以利解决现实问题，促进共享服务中心运营水平的持续提升。

在财务共享服务中心的运营优化中，采用签订服务水平协议的方式，能够对各项服务指标加以约束，促进指标的优化。此外，还需要建立运营评价指标体系，对财务共享服务中心的成熟度水平做出准确的评价。

（六）信息系统架构和实现方式设计

在财务共享服务中心的建设中，信息系统作为一个支撑性的基石发挥着重要的作用。如果离开信息技术，就不可能产生财务共享服务中心，财务共享服务中心的快速发展是建立在信息技术进步这一基础之上的。只有先建设信息系统，并以此为依托建立财务共享服务中心，才能保障共享服务中心跨地域处理业务的功能实现，才能节约人力成本，提高工作效率，为企业创造更多的效益。

从整体视角而言，财务共享服务中心除了要有基本的核算系统外，还应该包括预算编制系统、费用控制系统、盈利分析系统以及用于决策支持的报表展示平台等，基于信息技术建设这些系统之后，要在运营过程中不断升级改造、不断完善信息系统，以提高各个系统的运作效率。

另外，信息系统架构和实现方式设计，还要升级完善以下几类系统。

1. 资金管理系统

该系统主要用于收付资金，功能主要包含集中收付、账户管理、银企直联等。

2. 影像系统

以电子化的形式处理账务工作，通过影像将各地分散的原始凭证向中心汇总，以便集中处理账务。

3. 运营管理系统

该系统主要包括单据稽核检查模块（用于内部稽核）、问题管理模块（用于沟通）以及绩效分析模块（用于绩效分析）等。

在财务共享服务中心的未来发展中，基于信息系统的数据中心职能的作用将越来越受重视，而且极有可能从子公司的管理需求出发建设数据仓库和报表展示平台。

以上是财务共享服务中心的框架设计内容，对财务共享服务中心需要做什么和如何做的问题做了概括性的说明，并为具体的任务执行细节的落实提供了指引。

二、财务共享服务中心的组织定位

（一）财务共享服务中心在财务组织结构中的位置

财务管理模型中有三个层级的财务组织，其中财务共享服务中心属于第三层级，第一、二层级的财务组织分别是集团总部财务和成员公司财务。

有些企业的财务共享服务中心隶属于集团公司财务部，有的则与集团公司财务部平行，这是两种不同的组织形式，如图 4-1 所示。这两种组织形式的区别如表 4-2 所示。

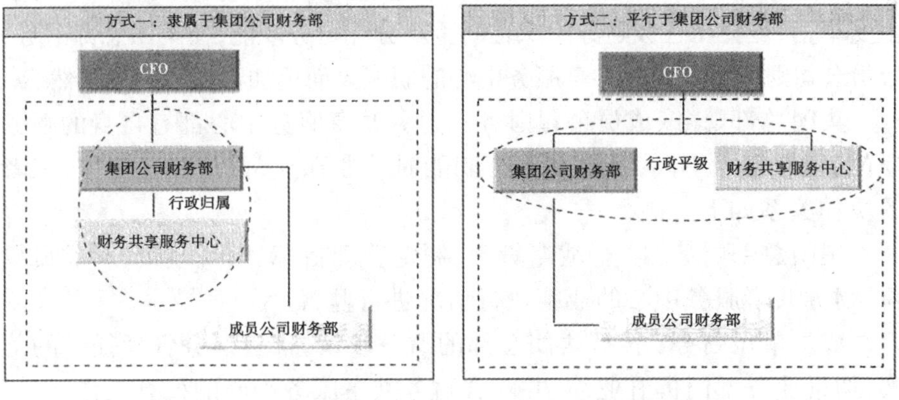

图 4-1　财务共享服务中心与集团公司财务部的行政关系[①]

① 陈虎，孙彦丛．财务共享服务［M］.2 版，北京：中国财政经济出版社，2018.

表 4-2　财务共享服务中心两种组织形式的区别[①]

区别 两种组织定位	隶属关系	平行关系
政策推行力度	强	弱
两部门协作关系	上下级关系	合作关系
共享服务中心汇报层级	多	少

不能片面地说上表中两种形式哪种好，哪种不好，只要是符合实际情况的财务组织形式就是合理的，就是最好的。具体选择哪种组织形式，要从企业的发展战略、管理决策以及财务共享服务中心的发展阶段等来做决定。

在企业的财务组织架构中，如果共享服务中心隶属于集团财务部，则主要将工作汇报给财务部长；如果是作为独立部门与集团财务部平行，则直接汇报给财务总监。但无论是哪种组织形式，财务共享服务中心都具有会计核算职能，以便于将多维度财务数据信息及时准确地提供给集团公司，这对集团总部了解成员单位的财务状况十分有利。集团公司的财务部和成员公司的财务部具有财务管理职能，集团公司的会计核算职能与财务管理职能相分离，这是现阶段大型企业财务组织的一个发展趋势。

（二）实施共享服务后整体的财务职能情况

建立财务共享服务中心，并将其投入运行后，财务组织结构不会发生变革，只是会在各级财务组织之间重新分配财务职能，使集团总部财务、成员公司财务以及财务共享服务中心的职能界面更加清晰和一目了然。

集团总部财务、成员公司财务和财务共享服务中心都有自身的财务职能，但侧重点不同，各自在履行职能时并非孤立，而是相互协作，三者的协作关系如下。

集团总部财务：实行战略管理，制定管理目标、财税政策，对成员单位、财务共享服务中心的业绩执行情况进行监督。

成员单位财务：执行集团总部的财务政策，推进财务管理任务的落实，协助业务部门提升业绩，并配合财务共享服务中心的核算工作。

财务共享服务中心：执行集团总部的会计政策，对总部的经济活动

① 陈虎，孙彦丛．财务共享服务[M].2 版，北京：中国财政经济出版社，2018.

加以记录，向集团总部和成员公司财务部真实反馈会计信息。

三、财务共享服务中心的内部组织划分

传统财务部门的所有基础性工作都是由财务共享服务中心所承担的，但因为财务共享服务中心与传统财务部门的职能定位、工作模式有很大的区别，因此，财务共享服务中心的组织模式也必然要区别于传统财务部门。在财务共享服务中心内部组织的设计中，需要以企业对共享中心的不同定位为依据构建相应的组织模式。财务共享服务中心的内部组织主要有以下几种模式和划分方法。

（一）按小组专业划分

财务共享服务中心内部的业务小组按专业分工，根据各自业务流程提供专业服务。各业务小组设一名负责人，另设置一个支持业务小组运行的独立小组，共享中心经理直接面向中心内部各小组而工作。这种组织模式如图 4-2 所示。

在贯彻专业化原则基础上采用的这种组织划分方式达到了很高的标准化程度，有利于人力资源利用率的提升，同时也使得培训工作更加简化。

这种组织模式的弊端在于容易忽视各业务小组之间的联系，组织间比较难协调，从而影响组织整体目标的实现。

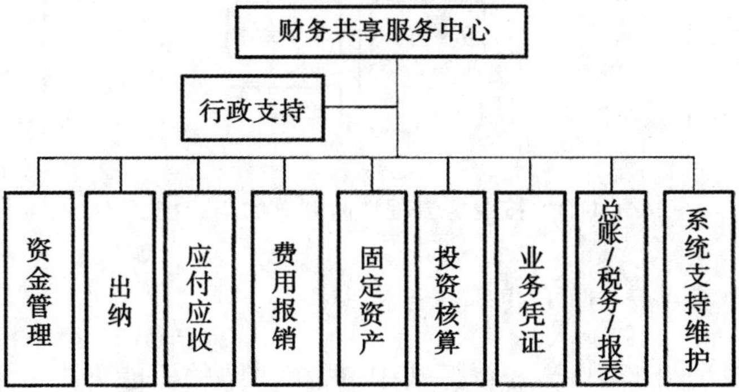

图 4-2　按小组专业划分的组织模式[①]

① 王兴山．数字化转型中的财务共享 [M]. 北京：电子工业出版社，2018.

（二）按业务流程性质划分

财务共享服务中心按照不同的业务流程性质划分为下列四个业务小组。

结算组：负责资金操作活动。

核算一组：提供会计核算服务（费用报销、应付核算）。

核算二组：提供投资核算、固定资产、税金和报表等方面的服务。

支持维护组：提供财务系统机构、部门、人员等的维护，同时进行知识管理和 Call-center 的基本运营。

另外，上述四个业务小组统一归行政小组领导（见图 4-3）。

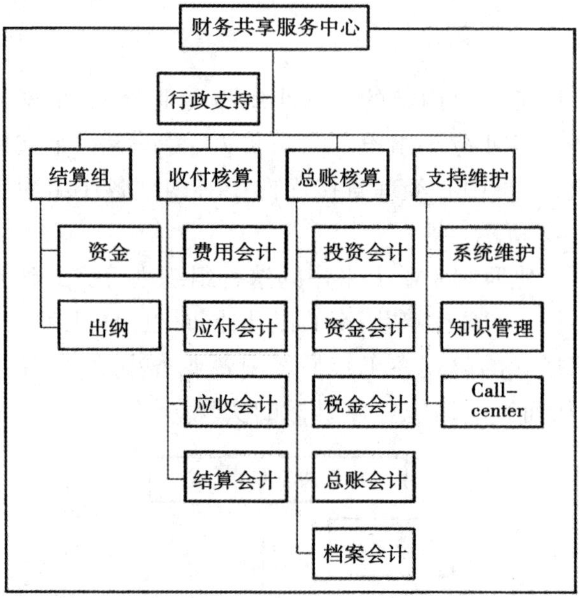

图 4-3　按业务流程性质划分的组织模式①

（三）财务共享与 IT 共享并行模式

财务共享与 IT 共享并行模式中，两个团队的职能如下。

财务共享服务团队：为业务单位提供结算、核算和报表服务，其组织结构与按业务流程性质划分的组织模式相同。

① 王兴山．数字化转型中的财务共享［M］. 北京：电子工业出版社，2018.

IT 共享服务团队：为公司提供 IT 服务。

另外，专设一个行政支持小组，对中心内各小组给予行政支持（见图 4-4）。

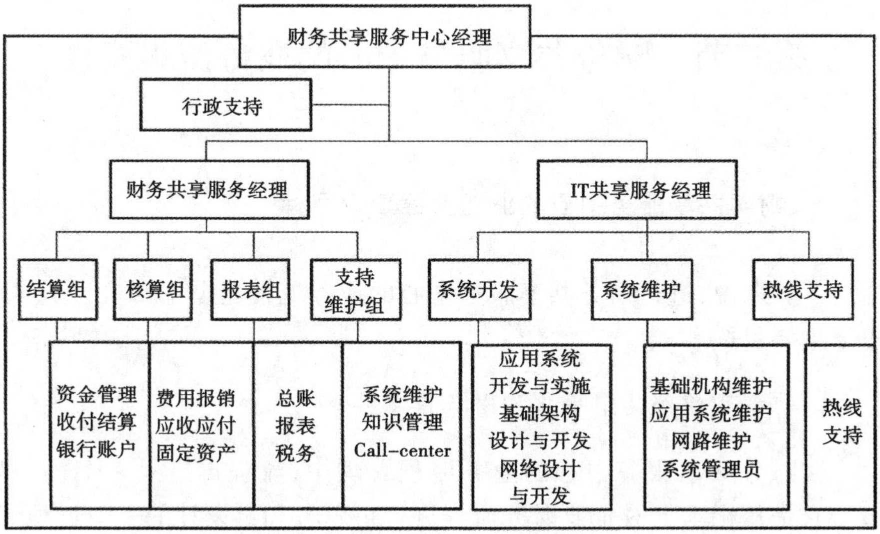

图 4-4　财务共享与 IT 共享并行模式[①]

上述三种组织模式各有利弊，都有各自的优势和适用范围，也有自己的不足与缺陷，所以，不能笼统地判断它们的优劣和好坏。要构建哪种内部组织结构模式，需要以共享服务的战略结构和战略职能为依据来决定，但无论选择哪种模式，都要保证在企业成本和客户满意之间达到一种恰到好处的平衡。如果置客户边界全然不顾，只依照业务职能进行内部组织划分，虽然能够将财务共享服务的规模、成本以及效率等方面的优势体现出来，但个别客户的个性需求则很难得到满足，客户满意度会受到严重影响。而如果按照客户边界进行内部组织划分，虽然能够提升客户满意度，但会失去成本、效率方面的优势。所以，财务共享服务中心内部组织结构的划分方式要通过战略结构定位（区域性共享中心还是全球性共享中心）和战略职能定位（内部职能部门还是财务外包服务公司）来决定，定位不同，选择自然不同。

需要注意的是，在以上三种组织模式的构建与选择中，除了要考虑战略定位外，还要对服务对象的业务特点、财务共享服务中心的发展阶

① 王兴山．数字化转型中的财务共享 [M]. 北京：电子工业出版社，2018.

段及业务范围等因素加以考虑,在综合考虑的基础上选择最合适的组织模式,这有助于控制成本,提升服务质量。

第二节　财务共享服务中心的业务流程建设

一、财务共享服务中心的业务流程建设目标

一般来说,进行财务共享服务中心的业务流程建设主要是为了实现以下重要目标。

(一)实现组织的扁平化和财务信息共享

在财务共享服务中心的业务流程管理中,流程再造是一个核心环节。它是从根本上对企业财务流程进行再思考和再设计的一个过程,最终要达到的目的是提升企业的绩效,主要从降低成本、提升质量、优化服务和加快速度等方面落实。

通过流程再造,在企业内部建立新的管理模式,新模式以流程为中心,解决传统金字塔结构模式下存在的一些弊端与问题,如层级繁多、条块分割、低效等,将部门间的壁垒打破,促进部门间的横向交流与协助,去除不必要的管理层次,实现企业的扁平化管理目标。

在打造企业组织扁平化架构的同时,要在流程再造过程中纳入信息共享,以打破平行部门间的条块分割,解决信息闭塞、孤立和不对称的问题。通过流程化管理保证从源头开始一次性输入企业所需的关键信息,并采用统一的方法加工、存储这些数据信息,然后,企业各部门经授权即可自由使用,充分实现数据共享。

(二)其他具体目标

进行财务共享服务中心的业务流程建设,除了要通过流程再造实现上述目标外,还要实现以下具体目标。

第一,建立通畅的企业资金链周转机制,防止资本闲置,提高资本利用率,畅通资本运转流程,有效管理应收款,促进企业效益的提升,保证

企业财务目标的实现。

第二，对企业财务职能进行优化整合，强化企业资本投资决策，完善对资本使用的控制职能，促进企业财务能力的提升。

第三，使企业盈利能力与偿债能力相统一或共同提升，以减少二者之间的冲突。

二、财务共享服务中心的业务流程建设原则

建设财务共享服务中心的业务流程，要认真贯彻以下几项重要原则。

（一）从企业战略角度出发的原则

财务共享服务中心的业务流程建设中，作为核心环节的流程再造是一种非常重要且有效的企业管理方式，采用这一管理方式与手段能够促进企业战略目标的实现。企业长期可持续发展的战略需要是流程再造的根本动力和出发点，企业管理者要站在战略发展的高度对流程再造加以推动，在流程再造过程中创造有利条件，提供所需资源。

（二）以人为本原则

进行财务共享服务中心的业务流程建设要贯彻以人为本的原则，使个人的能动性与创造力得到充分发挥，使员工在每个流程的业务处理中有效合作，鼓励员工创新，提高工作效率。

（三）以企业的资金运动轨迹为主线的原则

企业的经营活动包含企业资金筹集、资金周转、资金分配、资金循环利用等一系列的复杂系统过程。通过财务流程再造，提高财务管理效率，降低财务风险，保证资金周转的正常、高效和安全。

（四）以为顾客创造价值为目标的原则

在财务共享服务中心的业务流程建设中，识别哪些流程对顾客有增值作用，哪些没有增值作用，对增值性流程加以重组，将非增值性的流程剔除或简化，以此促进企业财务流程的优化和运作效率的提高。

（五）风险控制原则

建设财务共享服务中心的业务流程，还要防范与控制企业财务风险。财务风险是企业未来财务收益的变动性以及由此引起的丧失偿债能力的可能性。[①] 有效控制集团各个分公司的财务风险，能够使集团总部的财务风险得到很好的控制。

对于有较多资本市场业务或投资、并购频繁的企业来说，财务风险控制尤为重要。在企业财务流程再造的过程中，要纳入风险识别、风险评估、风险预警以及风险应对等工作内容。必要时，在财务流程管理中应将财务风险控制作为一项核心内容予以重视。

三、财务共享服务中心的业务流程建设需考虑的因素

（一）流程成本、效率和风险

流程成本主要指业务流程在财务共享服务中心运作时的作业成本和资源成本。作业成本又包含作业变动成本、作业长期变动成本及作业固定成本。资源成本是指在经济活动中被消耗的价值，包含非消耗类资源成本和消耗类资源成本。

流程效率主要从业务流程运作的时间（速度）等方面进行评价。

流程风险主要从风险管控程度出发考虑。

业务流程建设中需考虑流程成本、效率及风险因素，它们在某种情况下是相互矛盾的。例如，外部结算付款时，采用手工付款方式对外付款，该方式风险高、错单率高且效率较低；而借助信息化手段，通过网银或银企直联的方式对外付款，可以降低付款的错单率，提升付款效率，降低资金管控风险。但是，软件投入成本也高，因此，要考虑成本、风险及效率三者的平衡点，结合企业的战略目标及信息化水平综合决策。

---

① 张庆龙，潘丽靖，张羽瑶．财务转型始于共享服务［M］．北京：中国财政经济出版社，2015.

（二）流程客户满意度

流程客户满意度主要指被服务方的满意度，可以从两个方面考虑，一是上游环节对下游环节输出内容的满意度，二是外部客户的满意度。

（三）流程责任人

流程责任人主要从两方面考虑，一是明确节点责任人，二是明确节点责任人的职责与目标。

四、财务共享服务中心的业务流程建设步骤

（一）业务流程分析

财务共享服务中心业务流程包括中心自身的运营流程和各业务中心业务改变后的流程。在流程建设中，要充分考虑实际业务的可操作性，财务共享服务中心运营的绩效与流程的优劣直接挂钩。

财务流程分析的目标主要是通过客观、理性的分析，寻找再造的关键财务流程，并分离基础业务流程与管理决策流程，实现分级管理。分析的内容包括现有财务业务流程的客户需求、流程运行中消耗的资源、内部风险控制、流程的稳定性测试、流程再造的投入产出比等。

（二）业务流程的优化及重构

业务流程的优化和重构是指在对现有流程进行分析的基础上，系统创建和改造提供所需产出的新财务业务流程。必要时，企业可能会针对一些新的业务和现有业务从“零”考虑产品或服务的提供方式，设计新的业务流程。系统改造有利于改进企业的短期绩效，不易干扰组织的正常运营，创建新流程的风险较低，但随着时间推移，绩效的可改进程度逐渐降低。

系统化改造现有流程是为了使企业通过优化业务流程更快速、高效地提升顾客响应速度与满意度。流程优化的核心是为“顾客增加价值”。所以，“消除非增值活动与调整核心增值活动”是改造现有流程的焦点，这主要通过清除现有业务流程中无法为顾客提供价值的行为中体现

出来。[①]

由于企业集团规模大，部门众多，业务复杂，在经营活动中，经常有些行为无法为顾客提供实用的价值，这就造成了资源浪费和效率损失。清除这些行为是系统化改造的第一目标，在流程重构中，要尽可能消除或最小化那些无价值的行为，前提是不会给组织带来负面影响。

将企业经营活动中没有价值的行为清除后，企业应该从宏观发展战略和长远发展目标出发，简化与整合现有的业务流程，以便使企业业务运作更加流畅，使顾客需求得到更好的满足。系统化的流程改造中还要应用信息化技术推动整个业务流程的自动化，进一步促进业务流程运作效率的提升和质量的改善。

（三）逐步完善业务流程

财务共享服务中心的业务流程管理是持续性的，流程管理中要及时了解企业战略决策的变化、组织结构的更新，了解企业拓展了哪些新的业务领域，要顺应企业的新发展。这就需要在业务流程建设中进行内部持续优化机制的建立，从而持续评估、改进业务流程，持续提升业务质量，与企业的战略目标、业务拓展方向保持高度的一致，防止因业务流程管理不及时、不到位而影响财务共享服务质量。

在持续改进财务共享服务中心业务流程的过程中，要注意对业务流程细节的改进，必要时采取流程再造的方式来改进业务流程。不管采用哪种改进方式，都要根据企业整体的战略决策去明确改进的目标，还要兼顾成本与效率，满足合规性要求。

对财务共享服务中心业务流程的持续改进对管理团队的专业能力提出了非常高的要求，管理团队不仅要熟练掌握流程变革的技能，还要具备创新意识，而且必须信念坚定、洞察力敏锐，管理团队内部要合理配置，充分发挥每个管理人员的作用，从而提高持续改进的效率。

五、财务共享服务中心业务流程建设的注意事项

在财务共享服务中心业务流程建设中要注意以下要点。

① 陈虎，孙彦丛．财务共享服务[M]．北京：中国财政经济出版社，2014.

（一）明确流程再造的主要参与人员

在财务共享服务中心业务流程建设中，作为核心环节的流程再造应该由一支优秀的团队来负责，主要人员安排如下。

1. 领导者

应该由财务部总经理级别以上的管理层担任领导角色，领导人员肩负流程再造的重要使命，在既定流程再造目标的指引下，创造更为良好的环境。

2. 流程总监

流程再造主要是解决财务共享服务中心的程序性问题，至于实体操作依然比较艰难，应该由经验丰富的企业掌舵人担此重任。所以，建议由企业的财务副总经理担任流程总监一职，对流程负责人、流程再造项目小组进行直接领导，并协调跨部门的再造活动。

3. 流程负责人

至于流程负责人，应该由相关部门中熟悉部门专业知识和业务流程的人担任，这样，跨部门合作比较容易。

4. 项目小组

流程再造项目小组的组成主要包括下面两类人员。

（1）在流程中的工作人员：对这类人员的基本要求是对流程中的专业知识非常熟悉，而且对现有流程的利弊了如指掌。

（2）不在流程中的工作人员：这类人员主要从外部对现有流程进行观察、分析，提出流程再造的解决方案。

5. 指导委员会

由企业相关部门的主管组成指导委员会，这一组织的主要职责是对流程再造项目和再造过程的全局性问题加以解决。

（二）掌握合适的时机

流程再造要选好时机，尽可能在企业市场份额急剧扩大时进行流程再造，这样，才会充分暴露出企业原有流程中不符合企业发展战略的问题，这时，就要采取流程再造的方式来消除违背企业发展战略目标的因素，用新的流程去促进企业市场份额的进一步扩大，使企业成功超越竞争对手。

此外，对一个企业来说，当收益稳定时也适合进行流程再造，只要抓住这个机会就能够使企业脱胎换骨，焕然一新，因为这个时候，企业的人力、物力、财力都比较雄厚，整体实力很强，能够为流程再造奠定良好的基础。

（三）建立自身的财务流程

不同企业因为行业属性和特征的不同，业务流程也有一定的差别，即使有些企业属于同一行业，业务流程也未必相同。企业的业务流程状况主要受企业规模、企业文化传统、企业发展史、企业管理方式以及企业所处环境等企业自身因素的影响。不同的企业因为这些因素中个别因素或若干因素的不同，业务流程也会有所区别。

从上述分析来看，各个企业都应该从本企业的特点、现状出发对业务流程进行设计，推进财务流程再造，使其与本企业的发展规模、发展现状及发展趋势相适应。任何一个企业都不能完全照搬其他企业的流程再造经验来设计本企业的财务业务流程。

六、财务共享服务中心业务流程的科学实施

分析并重新规划设计财务共享服务中心的关键业务流程后，必须进一步推进和执行流程，防止只是进行形式上的流程管理。如果不执行新的业务流程，随着时间的推进，企业即时性流程方案就失去了有效性。因此，完成流程设计后，必须及时地、有组织、有计划地推进流程的实施。

一般情况下，财务共享服务中心业务流程的实施要经历下列几个步骤。

（一）组建团队

财务共享服务中心业务流程的实施与推广需要高层领导的大力支持，因此，要组建一支包含高层领导在内的实施与推广团队，团队中还

应该有一定数量的财务工作者与业务骨干，这些成员要有很强的业务能力、丰富的业务经验和一定的创新能力。

（二）选择试点流程

实施与推广业务流程时，可以先从一个分支单位入手，选取具有业务代表性的部门进行试点，选取的部门要具备流程实施成功率较高、流程管理效果显著等条件，这样，更有利于顺利实施业务流程，减少阻力，对流程反馈信息的获取也比较及时。

一般来说，财务共享服务中心中适合作为试点流程的是费用报销流程、应付流程，适合作为流程试点单位的是集团主要分公司。

（三）实施总结

试点过程是复杂的，在这个过程中要不断发现问题、解决问题和调整方案，流程推广团队需要向业务前端不断深入，及时了解试点中存在的问题，找到问题成因，提出解决问题的有效方案。同时，试点团队要随时与领导保持沟通，第一时间汇报试点进度情况，整体把控流程实施过程。

在财务共享服务中心的业务流程实施中，财务核算流程是主要聚焦点，在该流程的实施中，要对财务核算者的信息反馈及时了解，也要对客户的感观和意见有充分的了解，听取客户的合理建议与意见。

（四）逐步推广

在业务流程的推广实施中，要对推广计划加以制订，分阶段落实计划。财务业务流程的实施和推广并不是 帆风顺的，在这个过程中必须加强对人员的培训，讲清楚流程调整后与原流程的区别，减少人员的抵触情绪，使相关工作者了解新的流程，并积极配合流程推广。同时，高层领导也要在恰当的时机用合理的方式将业务流程再造的意义和价值讲述给员工及合作伙伴，这能够积极推动流程的落实。

在业务流程的实施过程中，要保证业务流程设计方案的有序推进，并在实践中检验业务流程设计方案的科学性与合理性。在全面推广流程的过程中，对相关信息进行收集和汇总，多维度分析流程的实施绩效，包括时效、质量、成本等，进而不断优化业务流程。

总的来说，财务共享服务中心业务流程的建设与实施是密不可分的，流程的设计、实施以及持续优化是一个连贯的过程，各个环节密切衔接，缺一不可。图 4-5 能够帮助我们直观地了解财务共享服务中心业务流程的设计与实施过程。

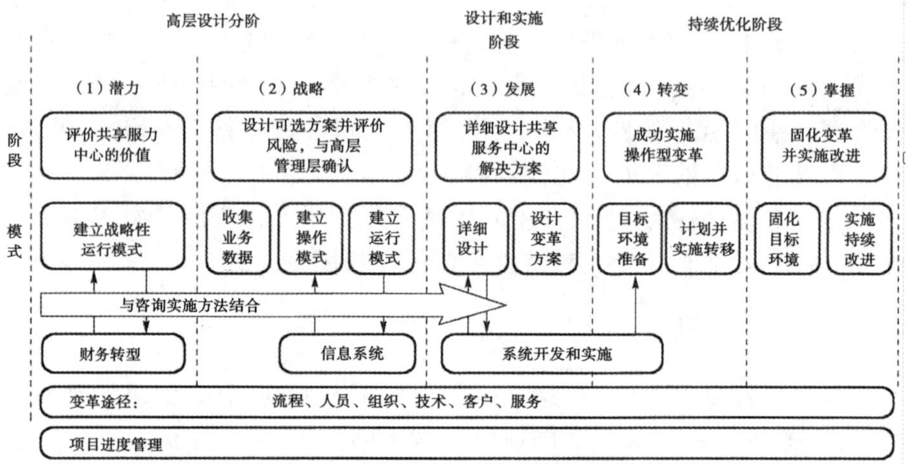

图 4-5 财务共享服务中心业务流程的设计与实施[①]

第三节 财务共享服务中心的运营

一、财务共享服务中心的运营模式

财务共享服务中心的运营模式主要有基本运营模式、市场运营模式、高级市场运营模式与独立经营运营模式四种，如图 4-6 所示，由图可知这四种运营模式呈现鲜明的递进关系。下面具体分析这四种运营模式。

（一）基本模式

财务共享服务中心的基本定位是企业内部的一个职能中心，其主要职能是为成员单位提供基础会计核算、财务信息的数据加工等跨组织、

① 王兴山．数字化转型中的财务共享[M]．北京：电子工业出版社，2018.

跨地区的专业支持服务。按照基本模式建立财务共享服务中心，主要通过合并和整合日常事务性会计核算处理和资金经营活动，消除冗余，实现规模经济，最终实现降低成本和流程规范化的目标。基本模式下的财务共享服务中心强调流程的标准化、组织的灵活化、分工的专业化和能力的核心化。

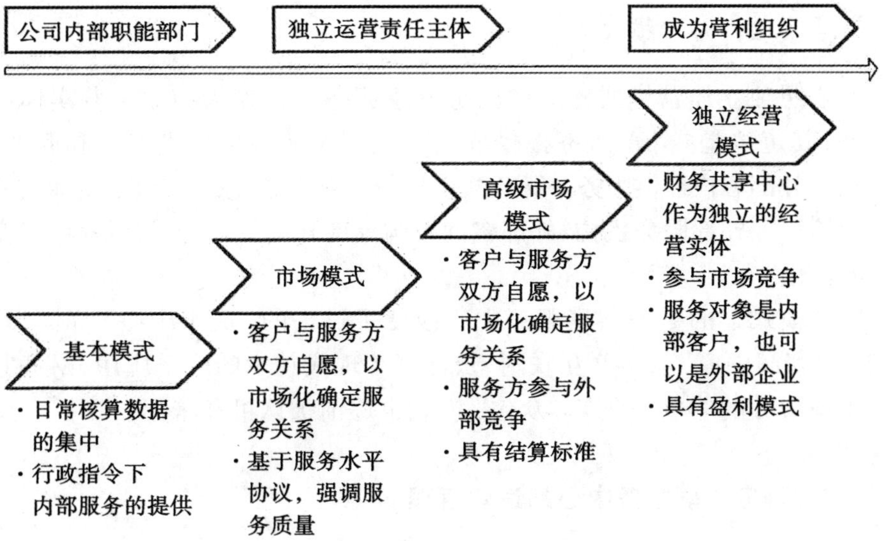

图 4-6 财务共享服务中心的运营模式[①]

（二）市场模式

基于基本模式发展起来的市场模式摆脱了原先内部职能部门的定位，重新定位财务共享服务中心，即独立运营责任主体。财务共享服务中心作为虚拟的经营单位，其服务不再是托管的，由接受服务的客户全面掌握决策权。这种模式下的财务共享服务中心要不断优化业务流程，根据业务流程与标准提供服务，以提升服务质量和服务的专业化水平。

（三）高级市场模式

财务共享服务中心在高级市场运营模式中有更加突出的外向型特征，该模式下的财务共享服务中心面临的外部竞争更多，服务对象的自主权更大，客户可以在现有的多个共享服务机构中进行选择。当客户认

① 王兴山．数字化转型中的财务共享[M]．北京：电子工业出版社，2018.

为内部共享服务机构的服务数量或质量不能满足自身需求时，就会自由更换，甚至从外部购买所需服务。

采用高级市场运营模式主要是为了引入竞争，向客户提供、推荐最有效率的供应商，供客户进行决策选择，最终促进内部财务共享服务中心服务的优化和客户满意度的提升。

（四）独立经营模式

依照独立经营模式建立的财务共享服务中心作为独立经营实体而运作，其定位是“外部服务提供商”，不仅向企业内部提供产品和服务，而且向外部客户提供服务。财务共享服务中心凭借其专业知识、专业技能以及第三方外部服务机构、外部咨询机构等展开竞争，服务收费随市场变化而变化。

该模式下的财务共享服务中心改变了过去的“成本中心”局面，转型为“利润中心”。随着互联网、云计算等现代技术的广泛应用，财务共享服务中心的非核心业务“众包”模式也逐渐被认可和采用。①

二、财务共享服务中心的运营管理

财务共享服务中心的运营管理涉及诸多方面，下面重点分析运营中的目标管理、知识管理、人员管理、质量管理、绩效管理以及风险管理，通过全方位的管理，促进财务共享服务中心的顺利运作，提高服务质量。

（一）财务共享服务中心运营的目标管理

对于任何一个人来说，都是先有目标，才确定了自己的工作，而不是先有了工作以后才有了目标。对企业来说也是如此，企业明确自己的使命，确定自己的任务后，要将此转化为奋斗的目标。每个领域都必须要有明确的目标，否则很容易忽视这个领域的工作，企业管理者行使管理职能时也是参照明确的目标来管理下级的。当组织最高层管理者将组织目标确定后，必须有效分解为各个部门的分目标，各部门管理者依据

① 张庆龙，潘丽靖，张羽瑶．财务转型始于共享服务［M］．北京：中国财政经济出版社，2015．

分目标来展开考评工作。

将财务共享服务中心的目标确定之后，可以对共享服务中心组织活动成效的标准进行估量，为绩效管理奠定基础。目标明确后，财务共享服务中心的努力方向也就明确了，也将清楚哪些领域有待改进。因此，必须为财务共享服务中心确立明确的、统一的目标，并将该目标贯穿于各项活动中，具体的活动要参照统一目标经分解后的若干子目标而开展，各个子目标之间相互联系、彼此促进。一般来说，在财务共享服务中心的不同发展阶段所确立的目标各有侧重。

独立经营模式下的财务共享服务中心作为独立运营单元，要为不同成员单位提供相应服务，需要确立以下几个总体目标。

第一，降低财务共享服务中心的运营成本。

第二，提高财务共享服务中心的业务处理效率。

第三，优化财务共享服务中心的会计信息质量。

第四，满足财务共享服务中心客户的需求。

（二）财务共享服务中心运营的知识管理

财务共享服务中心是一个以财务业务为基础的、从事共享服务的组织，其或隶属于集团财务部门，或与集团财务部门平行。无论是哪种组织定位，在运营中都要建立知识体系，而且建立过程中都会受到相似因素的影响，如专业服务知识因素、服务技能因素等。在知识体系的建设中，要从以下两方面加强知识管理。

1. 知识管理组织

一般情况下，知识管理组织可以设立在整个财务共享服务中心。该组织主要由下列三个层次组成。

（1）推动层

财务共享服务中心的管理层一般就是知识管理组织的推动层。推动层在知识管理组织中主要发挥落实知识管理的作用，使财务共享服务中心整体上注重知识管理，形成良好的管理氛围。在知识管理的整个过程中，推动层的工作量虽然是比较少的，但所起的作用却是具有决定意义的。

（2）支撑层

在知识管理组织中，支撑层是核心部分，他们在知识管理中是以全职身份参与工作的。一般要以财务共享服务中心的规模为依据来设置支撑层的具体人数，其中必须要有一位知识经理，而且必须是全职身份。知识经理的主要职责是设计整个知识体系的运作流程，监管流程的实施，并在知识管理中承上启下。

（3）执行层

通常而言，知识管理组织中的执行层是由各个项目的基层人员组成的，他们以兼职身份从事工作。知识管理的实施面向的是财务共享服务中心的所有员工，与员工所处的基层环境息息相关，脱离基层环境，就无法落实知识管理。因此，知识管理组织中的执行层应该由各个项目的基层知识经理组成，这将有效推动知识管理的落实，执行层知识经理的主要职责是与项目成员共同执行上层知识经理分解下来的任务。

知识管理组织中的以上三个层次缺一不可，这对建设财务共享服务中心知识体系具有重要意义，也能够为之后的组织管理工作打好基础。

2. 建立知识数据库

建立财务共享服务中心的“知识数据库”，就是对其中的内部数据、档案、文件加以筛选、分析，然后进行融合，并在内部数据库中加以存储，使其成为可用的知识。这是对财务共享服务中心的内部知识进行系统化改造与利用的一个重要手段，便于每位成员从数据库中快速查阅和获取知识。员工也可以通过一些渠道对这些系统化的知识进行分享与传递，常见渠道主要有会议、培训、公布栏等。

（三）财务共享服务中心运营的人员管理

财务共享服务中心以标准化的基础业务为主要工作内容，组织内部专业分工明确，员工数量众多，人员年轻，共享服务中心的管理者常常会思考如何吸引合适的员工？如何使员工尽快适应环境，承担岗位职责？如何使员工发挥最大潜能？如何保留核心员工？等等。加强对财务共享服务中心的人员管理能够帮助管理者找到这些问题的答案。

在人员管理中，人员选拔与培训是非常重要的两个环节，下面重点对此进行分析。

1. 人员选拔

财务共享服务中心是基于财务业务从事共享服务的组织，作为集团企业内的中心机构，人才选拔比服务外包集团企业更严格，因此，人员选拔要考虑专业知识、服务技能等因素。财务共享服务中心组织中优秀的从业人员需要具备多种素质，如图 4-7 所示。在人才选拔中要从这些素质着手来考核，提高门槛，保证人才质量。

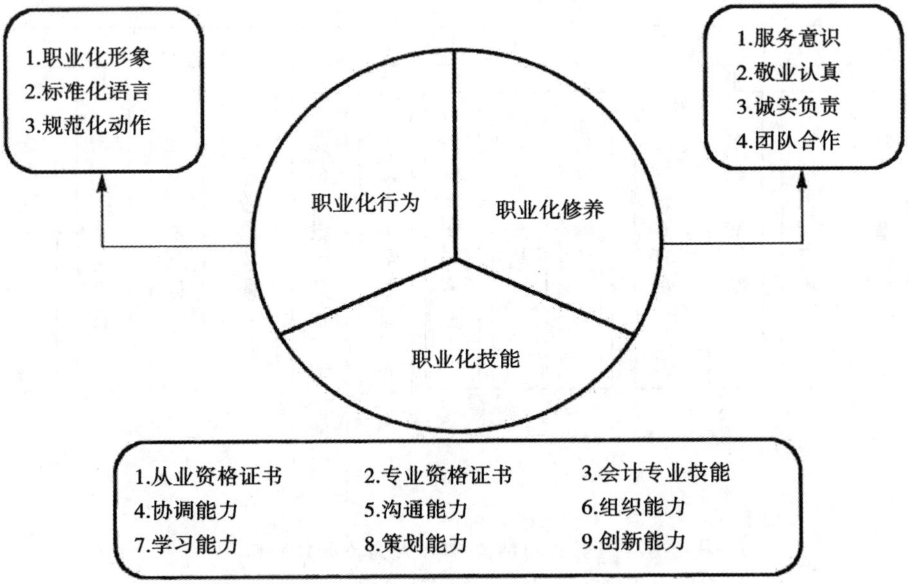

图 4-7　财务共享服务中心从业者的基本素质[①]

2. 人员培训

人员培训的目的是对从业人员进行专业化分工，促进工作内容的标准化，培训可以保证工作产出的一致性，保证稳定的服务水平。财务共享服务中心的人员流动率相对较大，而完善培训体系有利于新员工在短时间适应岗位；有利于提高士气，让员工对未来发展空间抱有期望；也有助于保留内部核心员工。

财务共享服务中心需要建立一个系统的、与业务发展及人力资源管理配套的培训体系，如图 4-8 所示，其中主要包括培训管理体系、培训课程体系以及培训实施体系。

① 王兴山．数字化转型中的财务共享[M]. 北京：电子工业出版社，2018.

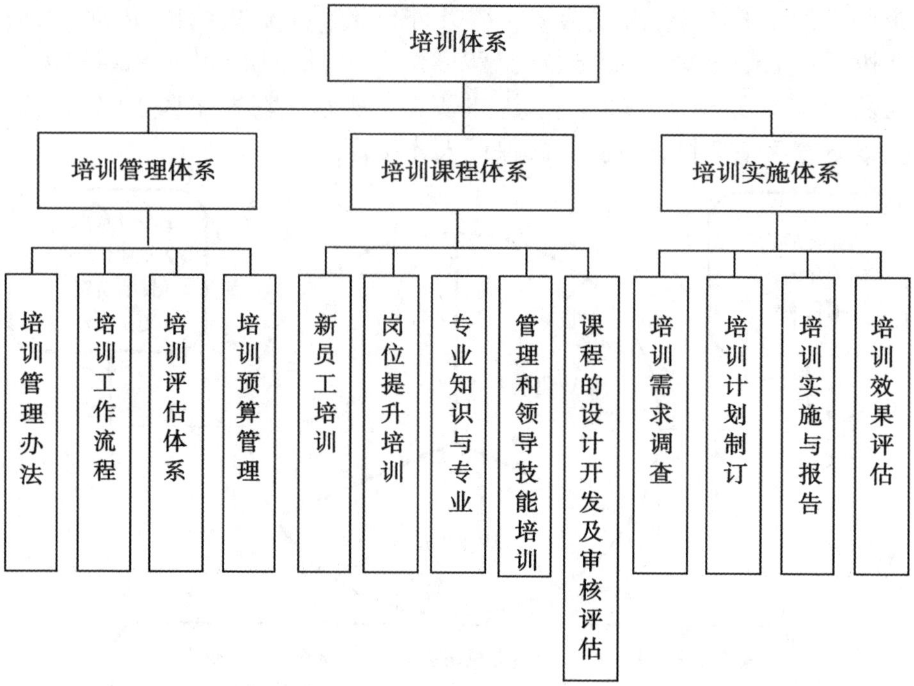

图 4-8　财务共享服务中心人力资源培训体系①

（四）财务共享服务中心运营的质量管理

企业实现财务共享后，业务规模和市场份额不断扩大，此时企业的信用需要以会计质量为保证。要使财务共享实现可持续发展，就要对财务共享业务的质量进行管理，对质量风险进行控制，以促进财务共享服务效率的不断提升。

1. 质量检查流程

财务共享服务中心的质检流程如图 4-9 所示，重点检查各个职位的工作人员是否按操作规范及标准开展工作，通过质量检查促进员工质量意识的强化，使各项作业成果尽量都符合质量标准。

① 张庆龙，潘丽靖，张羽瑶．财务转型始于共享服务［M］．北京：中国财政经济出版社，2015.

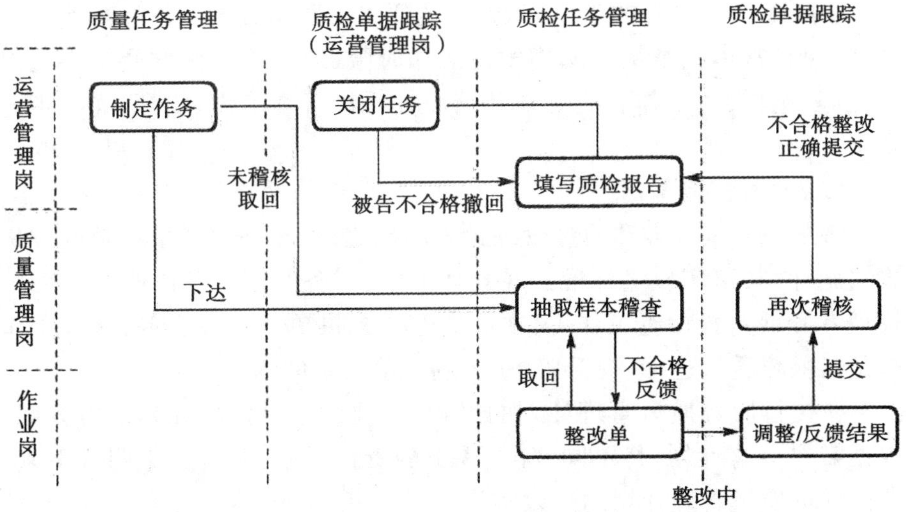

图 4-9　财务共享服务中心的质检流程①

2. 全面质量管理

在财务共享服务中心运营的质量管理中，要树立全面质量管理理念，对全面质量管理体系进行构建。全面质量管理就是一个组织以质量为中心，以全员参与为基础，目的在于通过让客户满意和本组织所有成员及社会受益而达到长期成功的管理途径。②

财务共享服务中心的全面会计质量管理工作主要从以下三个方面展开。

（1）建立标准

在质量管控机制的构建中，要以岗位质量责任制为基础。财务共享服务中心将资金、合规的资产业务以及合法的审核业务提供给各部门和分支机构，并要保证所提供的服务达到相应的标准，以提高服务质量。

一般来说，正确性、及时性、灵活性是财务共享服务中心服务质量标准的三个主要方面。除了要对服务标准予以明确外，财务共享服务中心还应该有专门的人员从事对服务标准是否落实进行监督检查，具体从账务核对、合规性检查等方面开展监督检查工作，通过服务质量自查来提高服务质量管理成效，不断优化服务质量。

① 陈虎，孙彦丛 . 财务共享服务 [M].2 版，北京：中国财政经济出版社，2018.
② 陈虎，孙彦丛 . 财务共享服务 [M]. 北京：中国财政经济出版社，2014.

在服务质量自查的工作计划中，还要将对账检查的工作标准明确下来，参照日常审核情况来明确规定工作时限、对账检查标准及结果汇报路径等，这样，对工作者更好地开展服务质量督查工作具有明确的指导意义。

（2）过程控制

将服务质量标准和质量管理计划明确之后，要采取科学有效的方法去实施计划，落实质量标准。在此环节中，财务共享服务中心既要面向管理者开展监督检查工作，又要面向客户提供单据审核服务，这些工作都是以保障质量达标、提升服务、控制风险为目的的。

在执行服务质量管理计划的过程中，要确定具体的计划落实方案，根据需要分解计划，将不同部门、人员的责任界限、职责分工明确下来，从而促进质量管理计划的高效实施。

（3）持续改进

持续改进阶段：主要包括监督管理和总结改进两个方面的工作。

执行计划结束后，检查执行效果，分析执行过程中遇到的问题及原因，最后总结计划执行结果。

财务共享服务中心应该安排专门人员从事质检工作，抽查相关作业人员对其工作成果进行质检，将检查结果纳入员工绩效考核指标中。

对于质量检查中存在的问题要尽快总结和处理，同时也要总结成功的经验，并加以传播和推广。解决问题时，可对照计划去梳理，判断问题的性质和严重程度，从多种解决方案中找到最佳处理方案去解决问题。这次计划中遗留的问题或没有完成的目标，放到下一个全面质量管理计划中去解决，争取达成未完成目标。

（五）财务共享服务中心运营的绩效管理

财务共享服务中心运营的绩效管理将从制订绩效计划、执行绩效计划、绩效考核三个方面展开。

1. 制订绩效计划

实施绩效管理的过程中，制订绩效计划是第一步。财务共享服务中心要层层分解已经确定的战略目标，在每个具体岗位上落实各个目标，然后进行岗位分析，将各个岗位人员的工作职责、工作目标明确下来，财务共享服务中心的管理者和成员共同参与目标分解和确定岗位目标的工作。明确的工作职责与目标又是对绩效计划进行制订时的主要参考依据，只有将岗位员工的责、权、利明确下来，才能在计划中进一步明确不同岗位人员在考核绩效周期中做什么、何时做完以及完成程度等问题。

财务共享服务中心各个员工的个人绩效计划需要由员工的直接上级制订，员工本人也要参与进来，并承诺完成计划中的各项内容，只有这样，才能提升员工对个人绩效计划的认可度，才能使其更加自觉地执行计划，并认真完成任务，达到目标。

制定财务共享服务中心绩效目标时既要考虑现实情况，又要考虑可能发生的变化，当发现很难实现预期目标时，就要分析原因，并对绩效目标进行调整，确保目标是切实可行的，是经过努力可以实现的，而不只是主观上希望达到的结果。

2. 执行绩效计划

在绩效计划的执行过程中，最关键的是做好绩效沟通和绩效辅导的工作。

（1）绩效沟通

管理者要经常性地监督和检查员工的日常或阶段性工作成果，及时与员工沟通工作内容和精度，了解员工工作中遇到的难题，给予必要的支持和帮助，包括物质上的支持、精神上的支持以及其他方面的帮助，若发现员工的绩效计划实在无法执行下去，就要及时调整，在整个绩效管理的过程中都可以根据实际情况去调整计划和目标，使之符合现实情况。

（2）绩效辅导

在绩效计划的实施过程中，管理者要转变为辅导者的角色，并发挥重要的辅导作用，持续辅导员工，保证每个员工的工作都与组织的战略目标相契合，通过辅导促进员工工作能力和绩效水平的提高。

3. 绩效考核

绩效考核是绩效管理过程中最艰难的一个环节。绩效考核要根据评价的对象、工作性质、工作特点的不同而区别对待。比如，高层和一般操作类员工由于各自管理的范围和承担的责任不同，采取的绩效考核方法也要有所区别。

财务共享服务中心不能只是一味采用单纯的KPI绩效考核，特别是对于共享服务中心从事管理以及财务共享服务的技术支撑人员不适合采用这种考核方式，而采用全方位绩效考核法则更为合适。

全方位考核法又称为“360° 考核法”，是一种从不同角度获取组织成员工作行为表现的观察资料，然后对获得的资料进行分析评估的方法。直接上级、同事、下属、顾客以及员工本人都要参与绩效评价，这种考核方法包含外部评价、内部评价等多维评价来源，评价结果更全面、客观，特别适用于需要为企业内外多部门、多利益方提供服务的财务共享服务中心的绩效考核。此外，全方位考核避免了员工只在意自身绩效的情况，能够积极促进团队内部成员间的沟通合作和知识共享，对提高共享服务中心的整体绩效具有重要作用。①

（六）财务共享服务中心运营的风险管理

财务共享模式改变了传统财务管理模式的弊端，提高了集团管控水平，加强了企业应对风险的能力。但是，实施财务共享也会面临诸多变革性问题，如组织结构调整、财务人员转型、财务业务工作流程重构等，这就使得财务共享实施中充满风险。

财务共享实施风险指的是集团企业实施财务共享时所带来的与预期目标差异的可能性，这种可能性会使目标无法实现，如实施后将导致成本上升、财务业务处理效率下降、无法开展财务业务工作、人员流失、财务服务不被客户认可等，最终导致实施失败。

具体来说，财务共享服务中心运营过程中的常见风险主要有六种类型（见表4–3）。

① 张庆龙，潘丽靖，张羽瑶．财务转型始于共享服务[M].北京：中国财政经济出版社，2015.

表 4-3 财务共享服务中心运营的风险类别[①]

财务共享服务中心运营的常见风险	风险表现
战略规划风险	1. 风险认识不足 2. 计划准备不足 3. 业务范围界定不合理 4. 选址地点不当
组织管理变革风险	1. 组织内部冲突 2. 业务变更不适应 3. 组织结构调整不适当 4. 制度制定不合理
系统建设风险	1. 系统集成与整合能力不足 2. 系统设计不合理 3. 系统支撑力薄弱 4. 系统安全和稳定性不足 5. 数据的共享风险
流程变革风险	1. 流程标准化统一与设计不合理 2. 新旧流程衔接不顺畅 3. 流程执行不力 4. 新流程应变力不足 5. 流程运转风险 6. 票据流转风险 7. 流程优化风险
人员变革风险	1. 人员变革抵触 2. 人员发展不合理 3. 人员工作性质枯燥 4. 人员沟通难度大 5. 缺乏数据敏感性 6. 人员操作风险
税务法律风险	1. 税务稽核难度大 2. 税务政策反应不及时 3. 税收政策选择风险 4. 法律法规风险

下面具体分析上表中六种财务共享服务中心运营风险的防控策略。

1. 战略规划风险防控

企业高层要对财务共享服务中心建设后的运营优化给予重视，增强

① 徐志敏，邵雅丽．云计算背景下的财务共享服务中心建设研究[M]．长春：吉林人民出版社，2019.

风险意识，切忌急功近利，任何一项变革的实施都要循序渐进。管理者要从企业战略目标出发客观评估运营情况，并根据企业发展现状不断优化与完善财务共享服务中心的运营机制。

2. 组织管理变革风险防控

防控财务共享服务势必给企业带来新的组织架构，集团企业需要对新组织架构中的角色和职责重新进行定义，明确各个流程的负责人及其相应的职责，对组织管理标准进行制定与完善。

3. 系统建设风险防控

集团公司在系统建设方面要考虑技术架构如何支持财务共享服务目标，在财务共享服务中心的管控中要特别注重建设与维护数据库，对数据处理的模型和数据保护方法进行研究，使数据更加安全。

4. 流程变革风险防控

流程再造是财务共享服务中心的核心，为了更好地进行流程变革，企业要从业务影响和业务回报来排列流程变革的先后顺序，优先变革重要的流程。此外，企业应根据成本、其他比率等基准信息发现低效的流程及标准化机会，优化低效的流程，还要对现有技术和架构能否支持不同流程进行评估，从而使财务共享服务中心的运营更加顺利。

5. 人员变革风险防控

基于新的组织架构和流程，集团企业应对新的岗位及职责进行制定和明确，并在新业务模式下做好制定薪酬体系、加强人才培训、完善考核晋升机制等一系列工作。此外，还要发现员工的职业技能缺陷与职业素质问题，发现现有职业素质与所要求的标准之间的差距，从而有针对性地培养人员的专业素养，为企业建设优秀的专业人才队伍。

6. 税务法律风险防控

集团企业可以建立柔性税务管理平台，建设税务法律队伍、税务法规知识库，获取外部税务机关、税务咨询机构以及行业税务法规等最新信息，并及时补充到税务法规知识库中，同时，企业内部税务管理人员也可以及时发布相关税务管理和操作制度及规定，实现税务管理事前预警。此外,还可以通过税务管理平台建立税务风控模型,对税务风险进行及时预警,向财务管理人员提供重要信息,将其作为风险管理的参考依据,及时检查税务风险,思考规避策略。

第五章　财务共享的发展

以“大智移云物”技术为代表，智能化理念不断融入生活的点滴之中，智能化制造效率惊人，海量的数字信息蕴藏着未来的无限可能，智能化时代已然到来。技术的进步带来了经济的飞速发展，企业的规模越办越大，同时也面临着越来越复杂的市场环境变化，如何在变幻莫测的市场环境中实现企业的长久发展，做好企业财务工作是关键，而为了应对环境变化实现企业财务的升级更是重中之重。

第一节　财务共享与财务转型

一、财务共享

近年来，在国务院国资委、财政部的政策引导下，基于财务会计转型及管理会计实践的自身要求，国内很多高科技企业、集团公司和跨国公司纷纷建立财务共享平台，期望通过财务共享平台高效、标准的管理服务，达成企业的战略目标。

（一）财务共享服务

财务共享服务是建立在信息资源共享基础上的共享服务理念。共享服务是指企业将现有分散的经营信息通过整合或合并的方式进行重新集中配置，促使信息资源在不同业务单元、不同经营事务、不同专业技能和不同人力资源之间进行共享的活动。财务共享服务是通过契约关系而开展的一种服务合作模式，依据的是正式或非正式的契约（即服务水平协议），财务信息资源共享服务建立在为各单位提供有偿服务的基础上。

共享服务管理模式的形成进一步深化了现代管理模式的变革。尤其是财务共享服务的应用，为现代企业优化管理模式，完善财务信息资源共享起到了重要作用，近年来，越来越多的大型企业、企业集团逐步建立并运营财务共享服务中心。在财务共享服务这种新型管理模式的实践中，大量简单重复且易于标准化的财务业务集中到财务共享服务中心统一处理，财务共享服务中心有巨大动力去应用新技术，提升组织内的工作质量和运转效率，财务共享服务中心为财务管理的应用创造了良好的运行环境。

共享服务方式一般采用一个或多个服务中心，以实现内部组织在公共业务营运流程和制度的标准化、精简化，目的是为所有“客户”提供成本较低、效率较高、资源共享、灵活且优质的服务。共享服务提供的服务范围非常广泛，可以包含财务管理、生产经营、人力资源、供应采购、信息技术、产品销售、市场管理、呼叫中心等业务领域。

应该说，财务共享服务为企业经营管理和生产规划提供了一种全新的财务管理模式。这种模式是通过专业化分工来实现的，通过决策财务来实现财务政策、战略决策、风险预警和全面预算；通过共享财务来实现高效服务、集中核算和标准化报告；通过业务财务来实现预算管理、内部管控、成本管理等，多维度风险因素划分，如图 5-1 所示。将企业财务工作中基础性事务集中起来由财务共享服务中心进行批量处理，实行财务决策科学化，从而推进财务人员由财务会计向管理会计转型，由“账房先生”向“军事参谋”的转变。

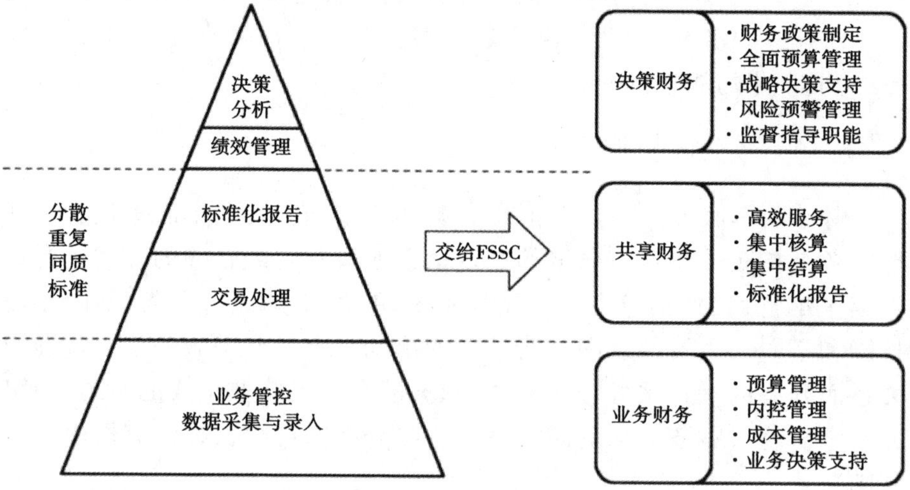

图 5-1　财务管理新模式

1. 决策财务

决策财务的工作内容主要包括财务发展战略制定、财务制度与政策及流程制定、预算指标设定、财务分析与控制、业绩指标计算及跟踪、投融资分析、对企业并购过程中的税务筹划与内部审计及风险管理提供专业支持等。

2. 共享财务

共享财务的主要工作内容是将财务管理工作中分散的、高度重复化的、同质化的、可标准化的非核心业务纳入共享财务集中批量处理，并依托信息技术实现财务管理中核算、结算、决算及档案业务的高效率处理。

3. 业务财务

业务财务的主要工作内容是负责确保所有本地业务核算的真实性、合法性，负责对口本地外部监管部门，指导业务部门按照集团规章制度合理报账，并接受上级单位的监督和指导。

（二）财务共享平台建设

1. 财务共享平台的含义和建设意义

我国的众多企业经过了多年的积极探索和借鉴国内外的先进经验，终于在摸爬滚打与交流合作中逐渐引入了财务管理新模式，财务共享平台是一种服务于财务集中管理工作的新路径和新模式。目前，财务共享平台主要适用于规模级别较高，分、子公司比较多的上市公司、集团公司和跨国公司。财务共享平台是否具有先进性，仍然在逐渐摸索和探索研究中，国内的发展情况与西方国家企业和理论界相比稍显稚嫩和迟缓。

财务共享模式是通过严密考察和了解实业界现实需要而研究出的财务管理新模式，财务管理的根本目的就是服务于经营业务，只有真正为企业经营管理业务服务才可以尽到财务的职责。我国传统的财务管理体系往往存在财务核算管理与经营业务管理相脱节的问题，阻碍了财务管理工作发挥作用，建立财务共享平台为业财融合奠定了基础，财务共享服务中心成功地打通了财务管理信息和业务信息相连的桥梁。企业高层管理者为了对企业业务经营的流程、规范、制度和执行能够实现及时监控，促使企业在传统经营模式下业务、管理、核算等三大业务管理流程的深度融合，彻底改变了各业务流程相互隔绝的状态。财务信息之所以能够及时利用，经营业务进程之所以能够顺利进行，是因为财务共享服务已成为推动经营业务顺利拓展的力量之源。

2. 财务共享平台的应用层次

根据业务、功能及系统需求分析可以将财务共享系统主要划分为 UMP（Unified MySQL Platform，云数据服务）、IDC（Image Data Center，影像数据中心）、SAP（Systems Applications and Products in Data Processing，商业软件与服务）和银企合作直联等四个系统功能平台。

其中，UMP 系统主要是针对业务账表单据、业务流程图表、财务授权执行、财务系统维护、预算检查与控制、凭证自动生成、财务账簿体系、会计报表系统的统计与分析等方面的核算功能。

IDC 系统主要包括凭证影像上传、财务单据影像重扫、重复单据影像撤销、错误财务影像退回、识别扫描系统条码、商业票据定位等功能。

SAP 系统主要包括会计凭证核算处理系统、预算项目冻结与释放查询、会计账簿处理系统、财务报表查询系统等功能。

银企合作直联分为销售付款信息查询、现金流资金流向查询、财务付款结算审批等功能(见图 5-2)。

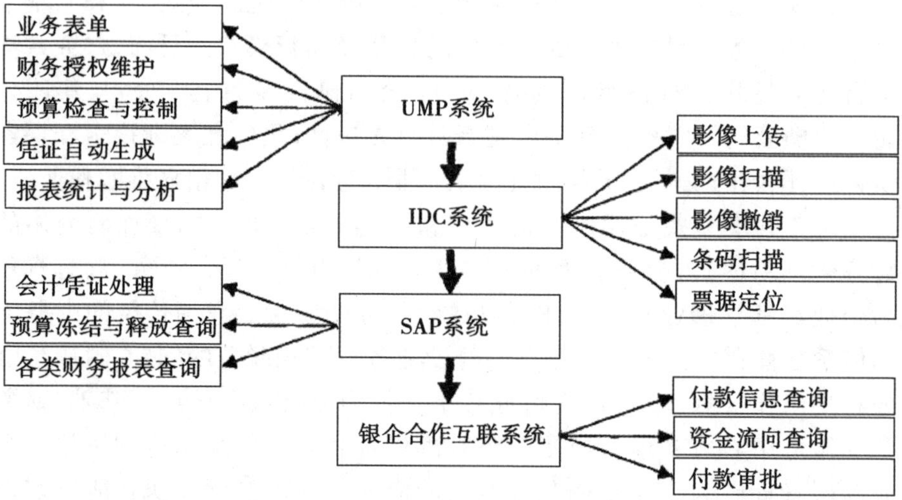

图 5-2　财务共享平台底层技术[①]

① 于琳琳．基于区块链技术下的黑龙江省高校财务共享平台建设研究[D]．哈尔滨商业大学，2019.

二、财务转型

（一）企业集团财务转型的宏观背景

1. 经济全球化

20 世纪 80 年代末以来，经济全球化是世界经济发展的重要趋势。美国经济学家提奥多尔·拉维特指出，当今社会最显著的变化之一，就是经济全球化作为人类历史发展的客观趋势已经席卷世界的每一个角落。国家之间、地区之间被国际贸易和投资的纽带紧密联系在一起，彼此之间相互依存的经济关系达到了前所未有的广度和深度。经济全球化的大趋势深刻影响了我们的生活环境，商品、服务以及资本和技术在世界生产和消费领域扩散开来。国际贸易、国际分工的发展使得各国之间的关系发生了深刻的变化，新的世界经济格局已经形成，地区与地区之间的商品、劳务、技术交换十分频繁。随着科学技术的进步，全球化经济形势明显加快。[①]

曾任惠而浦首席执行官的约翰·惠特曼说过，获得长期竞争优势的唯一方法就是在全球范围内充分运用企业的各种能力，使得企业整体的运作能够比其各个独立的零散部门运作更加有效。随着全球化经济发展，全世界处在了“牵一发而动全身”的境地。尽管各国、各地区之间的经济独立性和差异性依旧存在，但是国与国、地区与地区之间通过商品、劳务、技术、资金等方面的联系，已经形成了一个世界经济的有机整体。一方面，各种资本形态在全球范围内流动，各国经济相互依存、相互渗透的程度越来越强，任何国家都不可能置身于这一潮流之外而独立发展，各国之间的贸易往来要求各国间加强协调与合作，促进资源在全球范围内的合理、有效配置，实现各国经济的优势互补；另一方面，经济全球化促进金融一体化的发展，提升了资本的跨国流动速度，扩大了金融工具交易的规模，导致虚拟经济迅速膨胀。金融一体化加快了资本的运转，活跃了整个世界的经济形势，为参与者提供了更加便捷的交易服务。

① 张庆龙，董皓，潘丽靖．财务转型大趋势——基于财务共享与司库的认知 [M]. 北京：电子工业出版社，2018.

20世纪末，经济全球化以及新兴经济体的出现使得世界各国经济互相交融，加剧了经济发展的复杂性。为了谋求企业长期生存和不断发展，美国、日本以及欧洲的多个国家出现了以财务转型为核心内容的“企业转型”的浪潮。在学者刘志彪看来，中国正在进入第二波全球化的浪潮之中，第一波经济全球化战略偏重于增长和开放，而第二波全球化战略却需要以彻底的结构性改革为前提来支持增长和发展，尤其是加速启动民生导向性的制度改革。为此，新一轮的开放局面需要形成全球化城市、全球化产业、全球化企业和全球化人才等支撑要素，其中，需要宏观层面的政府为其提供实现的环境，需要微观层面在转换价值链的同时，也实现自身的功能升级，需要我国本土企业抓住“全球经济一体化”这千载难逢的黄金机遇期，逐步成为全球创新链体系中的重要一员。

网络经济形成了价格联动、时间连续的交易网络，网络经济带动着商品、高新技术、服务业在全球市场继续扩张。伴随着不断发展创新的交易方式及手段，企业的交易量迅猛增长，企业传统的成本优势及经营体制逐渐丧失，企业自主创新能力是企业持续发展的基础保证，成为企业赢得并保持市场竞争优势的前提，随着金融工具的不断创新，传统企业逐渐形成国际及国内投资并存的多元化投融资模式，增加了企业投融资风险的同时也使企业在投资、融资上有更多选择的机会。在经济全球化下，企业竞争的关键在于对金融市场产生的高风险及资本运营的高度重视，而不再是单纯的自主理财、谋求高收益。

面对当前的经济全球化环境，我国企业尤其是已经逐步走出去的企业，要想在世界经济竞争格局中获得一席之地，必须要根据客观环境的变化而不断地调整企业的战略、管理模式、组织结构和文化观念，提升创新能力，以保持强有力的竞争优势，适应新时代的发展需求。

在全球化经济下，企业的财务人员同样也肩负着维持企业价值和创造价值的双重重任。

首先，财务部门要助推企业顺应经济全球化的潮流，其自身应当转变为具有全球企业运营管理专业技能的部门。这就需要财务组织转型来加强全球运营的企业集团的管控，即根据一定的方法和原则来分析、确定集团管控模式，由此确定财务组织转型方向，进而开展有的放矢、价值驱动的管控。

其次，在“一带一路”倡议的带动作用下，我国的跨国公司从小到大、从少到多、从弱到强，业务遍布全球。因此，企业迫切需要建设支撑全球运营的财务管理体系，实现企业全球化、财务管理一体化和集约化。一方面，建立配套的管理规范，推动集团全面核算规范化、流程标准化是加强全球集团管控和合规要求的前提。另一方面，随着电子商务的快速发展，企业必须构建适应全球化的财务管理信息体系实现跨国交易，然而，目前很多企业的财务信息系统仍然局限在传统的会计核算层面，财务管理信息系统建设滞后，缺乏对财务战略的判断分析等功能。企业需要全面建设管理会计信息系统，利用信息化手段将会计与经济业务活动有机融合，通过“数据集中、信息集中、核算集中、管理集中”，有效整合财务资源和数据，强化国际业务信息的动态掌握，实现业财一体化，有效发挥管理会计功能；同时，也要搭建集团层面的财务信息平台，来强化企业集团总部获取分支机构的财务和管理信息数据的效率和质量，提升全球化管理能力。

再次，随着企业国际市场销售比例的提高，企业应当转变传统的财务管理工作模式，重视对财务风险的控制。比如，企业集团在资金管理方面要考虑如何顺应经济全球化发展中对财务风险防范的客观要求，优化资本和财务资源的结构及资金的使用效率，合理制定营销过程中的信用政策，从而提升企业的经济效益。

最后，企业运营的国际化、金融化迫使财务人员加快转型，要求企业财务人员适应国际财务惯例，兼具管理创新和专业知识，成为多元化复合型人才。可见，企业在复杂多变的经济全球化环境下谋求生存与持续发展，财务转型与升级是必然选择。

2. 中国经济转型升级

当前，无论是国际还是国内经济发展，都表明我国正处于经济转型升级的最后窗口期，如果我们能够把握好“十四五”时期的窗口期，就能够把握我国未来10年、20年甚至30年发展的主动权；如果没有把握好，我国就会失去主动权，由此将带来更大的经济风险，经济社会发展将会受到严峻挑战。可喜的是，我国经济未来发展仍有巨大潜力和空间，具备诸多有利条件，充分运用有利条件，将巨大潜力转变为现实生产力，推动经济持续健康发展，关键就在于推进并实现中国经济转型升级，实现高质量发展。

我国经济发展过程中所存在的突出问题同样存在于企业之中，大而不强，粗放式管理，大企业病现象突出等问题尤为严重。新常态的发展形势，迫切要求中国企业通过精细化的管理打造可持续发展的优势，转变增长模式，不断在改革中释放管理因素在经济转型中的巨大潜力。

进一步分析，管理的核心是财务管理，财务管理在企业管理乃至经济管理中具有基础支持和战略支撑作用。企业转型所涉及的组织转型和业务转型需要有效的财务管理作为重要的支撑手段，以实现资源的有效分配，促使企业战略目标的有效实现。

然而，财务管理如何助力企业转型，如何深挖企业价值秉承价值经营理念，如何扮演好企业价值创造者的重要角色，这些都是传统财务管理所缺失的，在经济新常态下财务转型具有迫切性。比如，经济转型要求企业建立对应的成本管控体系，整合可以提升企业价值的相关方法及工具，为大数据时代财务管理决策提供指导；经济转型下的财务管理需要运用管理会计的技术及方法开展全面预算管理，针对决策信息的价值成本、资源配置方式、企业的投资及筹资方式进行预算研究及决策分析；经济转型要求企业需进行科学的经营管理活动，将企业财务风险管理体系建立起来，按照收益均衡及风险原则，对企业的财务风险进行合理的控制，以便更好地实现科学管理，从而保证企业财务运行机制健全有序。此外，财务核算及管理会计的相互结合，是经济转型下企业财务管理的主旨，为了更好地引导企业的管理决策，需要从财务管理的角度对资源配置进行合理的优劣判断。

可见，财务管理在经济建设中的基础作用非常重要，企业财务管理面对新的市场环境和运营模式，也必须实现创新和转型，建立和其配套的价值管理，为可持续发展提供决策规划、制定战略，使得财务转型、企业转型与经济转型同步协调。当然，推动经济转型的财务人员将会大有作为，这也是打造中国经济升级版宏观背景的必然要求。

3. 人口红利消失

改革开放以来，我国经历了长达 30 多年的人口红利期，源源不断的廉价劳动力为经济社会保持较快发展态势创造了有利条件，为我国商品奠定了低成本竞争优势，在国际市场上颇受欢迎，人口红利成为我国经济长期快速增长的一个重要因素。

但随着近年来人口老龄化程度的不断加深，我国劳动力短缺问题日益突出。随着我国人口老龄化社会的到来，劳动力价格不断上涨，廉价劳动力供应越发趋紧，企业用工荒频繁出现，导致我国企业依靠低成本劳动力来获得的竞争优势被逐渐削弱，依靠低价商品竞争的经济发展模式难以为继，经济增长速度逐渐趋缓。

面对这样的形势，我国是否会陷入“中等收入陷阱”也成为人们关注的话题。“中等收入陷阱”是指当一个国家的人均收入达到世界中等水平后，由于不能顺利实现经济发展方式的转变，导致新的增长动力不足，最终出现经济停滞徘徊的一种状态。虽然，目前对于我国是否陷入“中等收入陷阱”没有统一的意见或结论，但学者张德荣通过实证分析，发现劳动力因素是一国步入中高收入阶段后经济发展的动因，因而，我们不得不警惕人口红利消失很可能成为我国跨越中等收入陷阱的障碍之一。但无论是人口红利消失还是面临中等收入陷阱的考验，都在警示企业必须走转型升级的发展之路。

综上所述，我们不难看出，人口红利消失其实是一把“双刃剑”。从表面上看，人口红利消失直接表现为劳动力成本上升、企业利润下降等问题，给企业带来了巨大的挑战；但从长远来看，人口红利消失则是企业转型升级的强大驱动力，会为我国提供一个经济社会可持续发展的重大契机。

人口红利的代名词是粗放型的经济增长方式，其理论基础是假定富余劳动力的转移不存在障碍，其实，人口红利消失之后，劳动力比例的下降不仅是因为人口年龄的变化，还有技能及受教育水平低导致生产效率的下降。人口红利的理论其实没有考虑到产业升级、技术进步及人口素质的因素，依赖于廉价劳动力的人口红利只有利于附加值较低的劳动密集型企业的发展，不利于企业的管理创新和技术升级，也不利于我国经济社会的可持续发展。当失去了人口红利这一优势之后，企业更应该注重转型升级，增强技术创新和管理创新能力，逐步提高劳动生产率和产品附加值，实现人口红利向人才红利的转换，最终实现可持续发展。从根本上来讲，我国要想实现在2050年建成“社会主义现代化强国”的目标，就必须向创新推动的高附加值市场转型，这不是一个选项，而是必然的选择。

幸运的是，我国有能力攀登创新高峰。与人口红利相比，我国的经济增长在更大程度上得益于改革开放所构建的经济发展机制、巨大消费市场和人力资源价值的提升。人口红利消失有利于促进劳动力实现更为充分的就业，以劳动力价格的合理上升倒逼企业加快自主创新和品牌建设，加大技术和人才的投资，不断提升产品的附加值。与此同时，人口的老龄化和劳动力价格的上升将使我国加快建立健全可持续的社会保障体系，增加社会保障投入，降低过高的储蓄率，为企业转型升级提供更大的市场成长空间。

在企业迫切需要转型的时期，作为财务人员，也应有一种紧迫感。因为传统的财务工作多被划分为低成本、劳动密集型的岗位，大多数财务工作者的重点都放在了记账、算账、报账，以及为外部监管服务等方面。尽管会计信息化水平有较大幅度的提高，但是，重复性操作、低附加值工作仍然占据财务工作的大部分时间，这不仅增加了财务管理的成本，而且效率和准确率都较低。与此同时，我国存在着传统财务人员严重过剩的问题。

当前，企业为适应我国经济发展新常态，其财务管理职能也要顺应企业的转型要求。

首先，财务人员必须意识到会计电算化、业财一体化、财务智能化将使得重复性的会计操作大幅度减少，企业对于从事传统低附加值工作的财务人员的需求自然减少。调查显示，未来 20 年最有可能被机器人抢走饭碗的岗位，包括低端制造业的生产、销售、会计等。类似“区块链”等新技术将使“低附加值”工作实现自动化，部分会计人员将面临失业。

其次，我国管理会计人才的缺口和核算型财务人员的过剩现象并存，随着“全球化”步伐日益加快和我国经济“新常态”的到来，会计职能从重核算向重管理决策发展，核算型财务人员的不可代替性不复存在，其职业价值急速缩水，需求将持续削减。财务人员如果不主动顺应这种趋势，将无法胜任新常态下财务工作岗位的要求，大量传统财务人员将面临转型或者失业。

因而，对于财务工作而言，也需要用倒逼机制从低附加值向高附加值转型，其路径就是要思考财务人员未来能向客户提供哪些高价值的服务，如何依靠财务人员的专业技能从“财务人口红利”转向“财务人才红利”，即培养能够促进资源优化配置、精细测算成本、研判市场趋势、合理规划投融资方式，进而能够助力经营决策、提升价值创造力的复合型财会人才。

（二）企业集团财务转型的微观背景

1. 什么是企业集团

在许多新兴经济市场的国家里，企业集团是一种流行的组织形式。企业集团是指以资本为主要联结纽带的母子公司为主体，以集团章程为共同行为规范的母公司、子公司、参股公司及其他成员企业或机构共同组成的具有一定规模的企业法人联合体，其企业集团由母公司、子公司以及其他成员单位构成，企业集团不具备企业法人的资格，但母公司应当是依法登记注册、取得企业法人资格的控股企业，子公司也应当是母公司对其拥有全部股权或者控股权的企业法人。

在组织结构的形式上，企业集团往往表现为以大企业为核心、诸多企业为外围、多层次的特点。在联合的纽带上，表现为以经济技术或资本经营联系为基础，实行资产、资本联合的高级的、深层次的、相对稳定的企业联合组织。在联合体内部的管理体制上，表现为企业集团中各成员企业，既保持相对独立的地位，又实行统一领导和分层管理相结合的制度，由此建立了集权与分权相结合的权力领导体制。在集团联合体的规模和经营方式上，表现为规模巨大、实力雄厚，往往跨部门、跨地区，甚至跨国度多元化经营。在经营内容的结构上，表现出多元化，企业集团一般都会采取多元化经营战略，通过经营业务的内容结构及层次多样化产生规模经济效应，并不断增强整体风险的抵御能力。企业集团由于成员企业众多，因此，在组织运行的协同性上要求较高，为此，集团需要在战略目标的统领下，通过统一规范的制度体系来协调各成员企业的有序运行，协同发展。

2. 企业集团的基本组织模式

企业集团的组织模式是指为实现既定的战略目标而确立的集团内部的组织结构形式。一个企业集团采用什么样的组织模式，主要依据企业发展战略和内部资源配置、协调的方式。一般来说，企业集团通常采用三种基本的组织模式：职能型、事业部型和矩阵型。

职能型集团组织模式的优点是：集团实施集中统一管理，子公司受到母公司严格控制，集团决策执行力强，既保证了统一指挥，又发挥了专业职能部门的规模经济效应。缺点是：职权集中，风险和责任集中于母公司，公司高层容易陷于纷繁复杂的事务性活动中，组织内部沟通协调成本较高，容易产生因横向沟通矛盾而降低效率的问题，这些使得高层管理者难以致力于公司的长期发展规划和重大决策，且这种结构对外部环境的反应能力较弱。职能型集团组织模式主要适合于规模小、产品品种少、生产连续性和专业性强、外部环境稳定的公司。

事业部型集团组织模式主要适用于拥有多产品结构、多元化产业或跨区域经营业务的企业，这类企业可以根据产品组合、地理分布、商务或利润中心来划分事业部，通常分为两种类型：产品事业部和地区性事业部。具体来看，其优点在于集权和分权适度结合，这是一种在高层集权下的分权管理体制，既调动了各事业部的积极性，又可以通过统一协调与管理，有效制定和实施母公司整体发展战略。日常决策交给事业部进行，使得公司高层从日常事务中抽离出来，进行战略研究、协调、评价和决策。

1962 年，钱德勒在《战略与结构：美国工业企业史的若干篇章》中，分析了大型工商业企业的多元化经营战略，是如何决定它们都要采用多事业部制的组织结构的。他认为，在多事业部集团中，集团一方面给予了各事业部的经营自主权，另一方面又能协调各事业部的活动，使之有效地指向公司的整体战略目标。这种组织结构的缺点是职能部门内部的规模经济丧失，各事业部利益的独立性容易滋长本位主义，如果公司总部的管理工作不到位，很容易发生失控。有时，组织结构的模式需要按照职能和业务的双重组合模式来管理，这就是所谓的矩阵型集团组织模式。矩阵型组织模式由横纵两套管理体系组成，纵向为职能管理，横向为事业部管理。它的优点是：兼顾了职能型和事业部型的优势，具有较大的灵活性，实现了人力资源在多种产品线间的灵活共享。缺点是员工会面临多重领导，协同效应差，管理成本高。

除上述三种传统的组织结构模式外，随着时代的变化，集团公司组织结构模式逐步演变出以流程型、网络型为代表的创新型组织结构模式。

流程型组织结构模式是以流程为主、职能为辅的一种扁平化组织结构。其优点是打破了组织职能间的壁垒，根据业务流程配备人员，化职能管理为业务流程管理，通过人员的配合实现组织内部各要素之间的横向联系。这种组织结构模式往往强调顾客导向，强调流程对于市场需求的迅速应变能力。这种侧重于流程管理的模式需要企业对传统的目标管理体系进行变革，但是，受制于流程合理性、员工适应性及执行力。

网络型组织结构模式是指以契约为基础，通过信息化网络体系联结而成的临时性联盟，从而实现互惠互利。该组织结构模式具有更强的适应性和应变能力，无论企业规模大小，都可以通过网络结构模式实现全球资源共享和资源整合，这使得企业组织结构更加扁平化，组织运作效率更高。但是，一旦外部资源出现问题，组织将面临较大的不确定性，陷入被动局面。并且，在这种组织结构模式下，团队凝聚力、员工忠诚度较低。

对于企业集团而言，组织结构模式的选择是一个复杂的问题，需要综合考虑市场、技术、管理成熟度、企业生命周期、战略发展目标等多个因素。

3. 集团化经营的优势

第一，集团化经营可以达到资源共享的目的，实现规模效应，以节省成本和费用。例如，集团经营过程中的统一采购可以降低采购成本；统一制造可充分利用制造资源；统一技术和研发平台可以研发高难度的课题；统一销售可以节约营销成本和费用；统一结算可以节省财务费用，解决融资难题。

第二，集团化经营有利于集团内部优势互补，提升运作和管理效率。可以用一个子公司的“长板”弥补另一个子公司的“短板”。例如，销售渠道的融通、人力资源管理经验的借鉴等。因为各行业都有其盛衰周期，各企业都有其投入产出节奏，所以很多企业采用多元化后，在很大程度上可平抑波峰和波谷，带来稳定增长的效应。

第三，集团化经营提高了企业的创新能力和综合竞争能力。企业可以综合整个集团的技术和研发力量，增强原始创新能力，在各生产领域内努力取得重大的技术创新和更多的营销创新，并使各相关技术成果融合汇聚，以实现成本和费用的降低，形成具有市场竞争力的产品和产业。

4. 企业集团化经营面临的突出问题

当企业的规模超出一定的限度时，必将降低企业价值链结构资源共享的均衡性，从而对企业集团成长产生负效应。尤其是在企业集团发展进入成熟期后，发展速度渐缓，此时，市场份额也趋于稳定，企业盈利能力达到最大，获利水平相对稳定。这时，成熟期企业的重点产品成功地占据了市场或获取了市场优势地位，企业的社会形象得以树立，生产规模扩大，盈利能力虽然达到高峰，但增长速度放慢。虽然企业的组织体系趋于完备，但组织系统内的管理者之间逐渐分化，组织系统凝聚力被削弱，企业创造力和冒险精神减退，企业集团发展后劲不足。

（1）管理成本居高不下

管理成本是指生产经营过程中发生的成本，主要包括经营管理组织结构本身发生的成本以及经营活动的组织协调成本。当企业处于发展初期，经营规模较小时，企业内部由行政结构组织管理，但随着企业规模的扩大，企业的管理层级日趋复杂、管理机构日趋臃肿、组织行为日趋僵化，导致管理成本急剧增加。

随着企业集团分支机构的增加，过于庞大的组织架构需要进行专业化分工和分层级管理，即管理职能分得越来越细，从事管理和服务的岗位越来越多，并且，不同的分支机构都要配备相同或相似的管理职能机构和服务职能机构，造成集团的管理层级越来越复杂，管理机构越来越臃肿。组织规模过于庞大不仅造成效率低下，还会造成企业管理成本大幅上升。

于是，企业会通过内部资源分化成立子公司，这虽然可以节约管理成本，但其代价是增加了治理成本和成员企业间的交易成本。子公司化的过程实际上是从管理向治理和市场转化的过程，即以治理和市场职能部分地代替管理职能，这种转化是否有效率取决于职能成本的比较。当某一子公司成立后，增加的治理成本和内部交易成本之和小于节约的管理成本时，子公司化是有效率的；当节约的管理成本等于增加的治理成本和内部交易成本之和时，企业集团达到最大合理边界；当增加的治理成本和内部交易成本之和大于节约的管理成本时，这种转化是没有效率的，不应将内部资源子公司化。

事实上，大型的企业集团往往很难处理好统一管理与分权管理的关系，总是处于纠结之中。正所谓“合久必分，分久必合”，企业集团也总是在集权与分权中不断纠结前进。如果将决策权分给下属企业或个人，而没有相应的有效管控措施，集团很容易变成一个松散的联合体，难以对子企业进行统一指挥和协调；如果将决策权集中在集团高层领导者手中而缺少放权管理，会限制中下级人员积极性的发挥，降低企业对经济环境的应变能力。即使在集团内部有明确的分级授权管理，如果缺少严密而高效的监控措施,往往也容易出现授权失控的局面,这些因素最终体现为管理成本不可避免地膨胀。

企业不仅在管理上存在集权与分权模式的不完善,与之对应,也形成了企业集团财务管控上集权分权的不完善。目前来看,我国没有建立与企业集团总体战略相一致的财务管理内控制度,我国企业集团大部分采用的还是传统的管控模式,财务权力分割非常的不明确。内部缺少完备的预算和资金流的集中管理模块,财务机制不完备,且时常与企业集团的经营策略不一致。整体来看,我国的企业集团的信息共享平台没有建立完备的体系,集团企业的财务、物流、人事、信息、风险、经营管理也没有进行统一划分,无法实现资金流与企业信息流的有机衔接,资金流没有实现最大化的有效运转。

(2)透明度和控制力弱化

由于企业集团通常包含若干分、子公司,相应的会计主体较多,并且不同主体所经营的业务内容和所处的地点都不相同,往往会造成集团化经营透明度和控制力弱化的问题,具体有如下表现。

财务数据缺乏可比性。企业集团中不同性质会计主体的核算原则、核算方法或核算标准均存在差异,这种差异使得集团内部不同主体之间的财务数据缺乏可比性。

数据分散、信息共享性差,监督控制难以进行。首先,在集团化经营过程中,由于财务报告层次多、流程长、速度慢,会计数据分散,信息共享性差,即使按照统一的会计核算标准,也难以对子公司实行有效的监督控制。在集团公司所属各单位有独立账套的情况下,众多的会计实体必然导致数据分散,难以实现信息共享。集团公司所需的数据通过报表汇总产生,在此过程中可能存在因粗心大意导致的疏漏与差错,也存在主观调整的可能性,总公司无法获得一手数据,只能在下属公司上报的数据基础之上加以分析和控制,有效性大打折扣,也很难对所属单位业务处理的准确性与规范性做出判断。其次,分散核算对决策支持功能较弱:各级管理人员,特别是高级管理人员,需要对不同层次的大量信息迅速做出抉择,但在分级核算模式下,一方面,会出现数据堆积如山,不能说明实际问题;另一方面,问题却堆积如山,没有数据给予必要解释的现象。另外,属地财务会从某种程度上弱化会计的监督控制机制,分散核算机制下,会计的监督控制工作由分支机构的财务人员执行,当被监督者与监督者处于上下级关系时,监督者慑于企业领导的权威,可能串通舞弊，监督控制作用大打折扣。

管理界限不明确，控制力较弱。主要表现为：集团公司（总部）的职能建设不健全，无法有效履行战略管理的职能。由于集团公司自身定位不明确，难以形成清晰而合理的公司管理界限，这进一步导致集团公司内部管理混乱、职责不清、效率低下，无法使资源得到有效配置，集团的规模效应和协同效应无法得到充分发挥。

（3）经营灵活性降低

对于企业集团来说，管理职能日趋复杂，集团领导者也逐渐认识到管理对于企业发展的重要作用，集团与各分、子公司的管理层面临的管理问题越来越多，往往会陷入疲于应付的局面，导致管理层没有更多的时间和精力考虑战略性和经营性问题，或者将大部分的企业资源花费在一些辅助性职能或服务性职能方面，导致在战略和业务开拓方面的投入减少，最终降低企业的核心竞争能力。伴随着企业集团化的过程，必然会有一系列的重组与整合，而在重组与整合后，对企业的经营管理能力提出了很大的挑战，需要管理者具备高超的管理艺术和卓越的管理能力，否则，将是一场灾难。例如，波音公司与麦道公司合并后，各公司仍按原企业的经营方式行事，在生产经营管理方面无法协调，结果出现了零部件短缺问题，并增加了近 30 亿美元的成本。

（4）资金使用效率低下

资本运作是企业经营与发展的重要手段，企业通过资本运作实现价值增值。随着我国企业集团的发展壮大，企业之间的并购活动日趋频繁，企业并购过程中往往需要懂得财务管理、资本运作、金融投资方面的专业人士提供长期、有效的服务，由他们来管理企业内部资金，实时监控企业集团成员之间的资金往来，在企业对外投资与并购活动中及时发现和控制风险，弥补企业集团资金运作功能的不足，节约资金使用成本，提高资金的使用效率。目前，我国的企业集团管理层对资金运作的掌控通常缺乏专业性，在海外并购中，企业集团的资金运作能力显得尤为不足，造成资金使用效率低下。

（5）集团整体资源整合价值低

国外发达国家企业集团在发展演进的过程中，对资源共享活动普遍高度重视。它们在建设企业核心竞争能力的基础上，通常会依靠核心能力的传递而实现核心资源的共享，进而实现企业集团经营的多元化、国际化。这种资源的整合大多采用横向合并、纵向兼并为主的方法形成一批集团化的、跨国化的巨型组织。此外，在资源共享的框架下，国外企业集团组织体制往往会呈现网络化趋势，即在传统的依赖于资本、人事等共享手段的基础上，开始依赖信息通信网络的手段而形成企业的共享模式。

我国企业集团在资源利用上很大程度地存在“大而全、小而全、资源分散”的问题，部分企业集团甚至存在成员企业各自为战的现象，无法形成集团经营采购、核算、人力资源、销售的优势，没有实现资源共享，内部资源整合和资源利用效率普遍低下，甚至出现管理失控的现象。

（6）大企业病现象日益严重

“大企业病”是指企业规模扩大、产业类型和管理层次增多后，可能产生的信息阻隔、信息传递速度衰减或内容失真、决策无法实现不打折扣地贯彻、指令执行出现严重偏差、企业成本增加、制度烦琐以及组织机构官僚化等问题，使企业响应市场的能力降低，生存能力不断弱化的一种慢性综合病症。

企业集团成立后，成员企业间既相对独立又相互依存，只有借助良好的内部治理和管理机制，企业集团的整体效应才能实现。但是，从现实来看，当前，我国企业集团在集团内组织开展生产、开发、人事、投融资、营销等协调的机制尚不健全，不仅造成成本不断加大，而且，还因为企业集团过度扩张，导致“大企业病”现象日益严重。

对于跨区域经营的企业集团来说，如何低成本且高效率地整合各经营区域的资源，使其达到最优配置的状态，已经成为大企业最重要的管理课题。在此背景下，企业迫切需要寻找新的组织架构和运作模式，以支持日益发展的跨区域甚至跨国的企业经营，从国外跨国公司及大型企业集团发展的经验来看，在这一时期，为了发挥全集团的规模效应和协同效应，达到进一步节约成本、提高运营效率的目的，许多企业集团开始尝试将资源集中应用于核心业务，剥离、合并和整合非核心业务，以达到资源的共享和最大化利用。

5. 传统企业财务管理的弊端

财务管理作为企业管理活动的重要组成部分，其作用的发挥以其功能为基础。当前，财务管理面临以下挑战：财务管理没有与企业战略相结合；财务与业务相互分离；分散式会计核算与管理模式面临挑战；传统财务不能满足集团化发展的需要；传统会计信息系统面临诸多问题。

（1）财务管理没有与企业战略相结合

随着市场竞争日益加剧，企业和环境之间的互动日趋复杂和强化，在这种情形下，集团公司需要根据环境及其可能的变化，谋划未来的发展方向及其相应的实现路径，以求得长期稳定的发展，这种全局性和长期性的谋划就是企业战略。而集团公司相对于其内部各企业而言，处于更高层级，更需要关注战略管理，特别是随着当代企业经营环境的变化，对管理要求的日益提高，战略管理的广泛推行及财务管理的逐步加强，传统财务管理理论与方法已不能更好地适应当今企业战略管理的需求。需要以战略管理的思想为指导，对企业财务管理的理论与方法加以完善和提高，将之推进到战略财务管理的新阶段，这是一种历史和逻辑的必然发展。

目前，我国大多数集团公司的财务部门，仅单纯从财务观点出发进行理财，实现财务自身利益的最大化，而传统的财务管理理论也侧重于从微观层面解释企业内部财务管理，仅站在单个企业的立场来解决企业的财务管理问题。这种传统的财务管理理论，已无法服务于企业的长期发展和实现战略联盟整体价值最大化的目标，已经不能解决企业在宏观战略联盟下出现的财务管理问题。基于契约理论、交易费用理论、产权理论等制度经济学理论，在财务治理方面广泛运用的背景下，传统的财务管理已经面临来自诸多新兴财务管理学说的挑战，如财务战略管理、竞争财务管理等。

在实践中，集团公司的经营多元化，虽然分散了部分经营风险，提高了企业的竞争实力，但企业管理能力的提高并没有跟上企业发展的速度。不少集团公司在实施多元化战略的同时，经常忽视自身的专业化优势，在财务管理上过度分权，使母公司难以从集团整体发展的战略高度，统一安排投融资活动，导致投资分散，各分、子公司各自为战，各行其是，盲目追求局部利益最大化，相互之间无法协同一致，最终导致集团公司丧失规模效益。这种现象体现在投资上，表现为整个集团的投资规模失控，投资结构欠佳，投资收益下降；体现在筹资上，则表现为整个集团内部缺乏资金的融通，对外举债规模失控，资本结构不合理，财务风险加大。

因此，无论是从理论还是实践上，都必须将财务管理提升到企业战略的高度，注重战略财务管理，关注企业财务方面的战略决策，在符合企业总体合作与竞争战略的前提下，以最恰当的方式融资，并在组织内部有效利用和管理这些资本，包括企业所创盈利的再投资和分配决策等，而最恰当的方式，就是由企业从战略的角度来考虑和设计企业的财务行为。

另外，集团财务战略的制定和实施要兼顾集团内部各法人公司的利益和公司具体的资金及资本运作的安排，更重要的是，要在集团内部形成财务和资金资源优化配置的统一认识。如何在兼顾各成员单位的利益和形成统一规划之间寻求平衡，已成为最难把握的问题，如果倾向于各成员单位，集团层面统筹安排的难度将会变大，甚至有可能受个别成员单位意志的影响而偏离集团整体的财务战略；如果集团公司的定位过于强势，则有可能扼杀成员单位具体的财务活动安排和财务管理处理的灵活性，使集团成员单位丧失财务战略的主动性和能动性。如果集团内大部分成员单位形成了这样的行为模式和思维方式，这对集团公司整体的财务战略安排是相当不利的。

（2）财务与业务相互分离

长期以来，由于观念认同、部门建制、软件开发等，财务与业务长期相互分离，财务业务一体化建设的进展极其缓慢，甚至，许多企业并未意识到财务与业务一体化的重要性。在传统的思维模式中，财务部门往往把自己封闭在数字的城堡中，将费用报销、会计核算、对外报告等作为自己的核心工作，即使展开财务管理，也往往仅从自身的专业角度出发，以满足财务目标为导向。但在业务实践中，现代企业财务管理要求财务和业务逐步融合，并最终实现一体化，财务管理应当以向业务提供决策支持为目标。

财务工作需要基于业务的战略方向制定预算目标、绩效目标，并据此制定下级机构的关键绩效指标 KPD，在与业务充分沟通后推进落实，而不是集团财务脱离业务实际制定目标，导致执行和目标脱节。在财务与业务一体化的场景下，需要财务人员的日常工作必须与业务团队密切结合，参与业务经营决策的整个过程，以此更好地理解业务对于财务的深层次分析需求，并有针对性地提供财务管理报告。总而言之，财务与业务一体化，是财务管理变革的必然趋势。

（3）分散式会计核算与管理模式面临挑战

随着企业规模的扩大以及业务模式的不断创新，分散式的会计核算和管理模式面临着巨大的挑战。

分散式的独立财务组织效率低下，成本高昂。所谓分散式的独立财务组织，是在各分支机构或子公司分别配置一套完整的财务人员，包括财务经理、会计和出纳等。这些独立的财务组织按各自的意愿、标准行事，相互之间没有经常性的沟通，分散式的财务组织无法在不同单元实现负载均衡。当一个业务单元工作量突然加大时，其他单元的闲置能力无法进行及时的支援和补充，同时，由于无法形成专业化分工，每个人都需要掌握全面的技能，对人员素质的要求相对较高，而产能不均以及对人员素质的高要求，必然带来高昂的成本需求。

缺乏对业务的支持和战略推进能力。这种能力的制约来源于无法摆脱的基础业务，由于会计核算等基础业务是由当地的财务团队自行完成的，一方面，他们要面对集团总部，学习最新的制度政策，按时出具各项报表报告；另一方面，基层业务单位的报销、支付都必须经过当地财务团队实现，他们必须面对频繁的点对点沟通。在这种情况下，有限的能力和精力被频繁重复的琐碎事务所消耗，深入进行业务支持和协助集团进行战略推进变成一句空话。在这种内外交困的局面下，彻底地摆脱基础业务，释放基层财务人员的能力和精力，能够发挥他们本应发挥的作用，实现真正的财务与业务一体化。

分散式的财务组织，削弱了集团对基层业务单位及子公司的监控能力，集团的政策下发到各基层单位是否能够得到有效的落实和执行成为一个值得怀疑的问题。对基层业务单位而言，财务人员与其长期共同工作，当地的环境和人际关系会对其造成潜移默化的影响，当集团政策和基层业务单位意愿发生冲突时，财务人员会陷入两难的局面，而很多时候，他们会选择向基层业务单位妥协。对子公司而言，由于它本身是独立法人，具有自主经营、自负盈亏的法律地位，它甚至拥有对财务人员考核和发放薪资的权力，在这种情况下，要求财务人员坚定不移地落实集团政策显然存在极大的困难。而这些因素，可能最终导致集团对基层业务单位及子公司的财务管理、财务监控能力下降或丧失。

（4）重核算、轻管理，传统财务不能满足集团化发展的需要

长期以来，国内企业财务部门的主要职能就是会计核算，重视报表的产生，重视对事后结果的计量与记录。会计活动为满足外部投资者、社会公众和政府有关部门的需求，过多地偏重于向外部利益相关者提供并解释与企业财务状况和盈利能力相关的历史信息，而在利用有关信息为内部管理者提供经营管理决策、提高经济效益等方面的作用发挥得不

够充分，没有更多地发挥财务管理事前预测、事中控制、事后分析的职能。会计信息的价值创造作用未能得到充分挖掘，未能发挥会计子系统的预测、决策、规划和分析等功能。

从企业发展来看，随着全球经济一体化的不断推进，经济环境日趋复杂，我国企业面临着前所未有的机遇和挑战。为保持我国在全球经济中的竞争力，需要在进一步加强成本管理的同时，积极打造长期可持续竞争优势。而强化管理会计应用，能促进企业管理升级、增强企业核心竞争力和价值创造力，有效利用国内国外两个市场、两种资源，在激烈的国际竞争中不断做大做强。

加快推进管理会计改革，将成为今后财政部门贯彻落实全面深化改革重大决定、推进国家治理体系和治理能力现代化的重要举措，它对于推动企业完善现代企业制度、推进行政事业单位预算绩效管理、决算评价和加强事业单位治理具有重要作用，是深化财税体制改革、建立现代财政制度的重要内容，也是深化财务改革，推动会计人才业务上水平、工作上层次、事业上台阶的重要方向。

从企业内部来看，与业务部门相比，财务部门常常被企业称作成本中心。虽然我们经常提出财务管理的目标是帮助企业增加价值，或者股东财富最大化，但是，从现实来看，企业会计人员大多是财务会计核算背景出身，过多的财务会计人员埋头苦干以满足外部监管方对报表的需求，而忽视了真正对企业管理的参与。随着企业规模的扩大，尤其是多元化集团公司的成立，财务会计核算人员分布大江南北，由于东西部经济发展的不平衡，沿海和内陆地区经济发展的不平衡，一线城市和二、三线城市经济发展的不平衡，人员素质和能力发展也出现了良莠不齐的现象。尤其在分散核算的情况下，更会造成财务数据缺乏可比性、数据分散、共享性差的缺陷。这些财务人员占据了大量的人工成本，且这支队伍由于自身素质的良莠不齐，信息化程度不同，出现了人员冗余，但又难以割舍的突出问题。显然，从成本效益的角度来看，这些单纯从事财务核算的会计人员占据了大量成本。

对比而言，管理会计作为企业管理的重要工具，能够渗透到企业的各个层面，为企业管理提供基础信息、管控手段、评价方法等，从而为企业决策、改进管理和提高效益服务。管理会计的倡导实施，有利于管理者重视并充分利用财务会计数据进行管理实践，实现精细化管理，促进企业成本控制落地。

（5）传统会计信息系统面临诸多问题

会计信息系统是面向企业价值管理的信息系统，是对企业价值运动进行反映、监督、提高信息处理和管理需求的系统。当前，传统的会计信息系统存在的问题主要包括如下几点。

注重核算而忽视监督。一直以来，国内企业将财务部门的主要职能定位为会计核算，而早期的财务软件也主要是为适应会计核算需求而设计的，将利用财务软件进行会计核算称为“会计电算化”。传统的会计信息系统，过度关注计算机操作所带来的核算效率，而忽视了会计监督的基本职能。

不可否认，许多企业集团的会计信息系统都存在一个严重缺陷，就是没有保存必要的会计业务流程的审计线索，这对于风险预警、监督、控制造成了一定的困难。同时，我国财务人员的工作思维仍然是将会计定位于核算，侧重于对系统中数据的报告，而不是对数据的分析，难以起到有效监督的作用。因此，如果会计信息化一直停留在财务会计核算子系统，而不能延伸到会计的监督与控制职能，那么也就限制了发展电算化的意义。

业务财务信息集约化程度低。比尔·盖茨曾说过，信息化成功的关键应当在于如何应用信息技术，企业应当善于驾驭信息洪流。而一个企业在生产、销售、控制和预测的经济活动中，主要表现为信息流、资金流和物流的统一。要借助信息技术有效地控制“三流”，单靠财务信息系统是不够的，企业各部门，尤其是业务部门，必须将其业务信息纳入系统管理的范畴，将系统功能延伸到企业经营和管理的各方面，覆盖各个环节的信息。

而在我国，会计信息系统的建设很长时期都是从减轻会计人员负担、提高核算效率方面入手，基本上还是按照手工会计处理流程设计。虽然计算机的高速运算和巨大的数据存储能力在一定程度上缓解了会计人员的工作压力，但会计流程并未突破手工会计核算方式的框架，以此为基础建立的电算化会计信息系统，仅仅是手工会计业务流程的高度仿真，使得IT投资仅仅体现为计算机操作代替手工的效果，而没有实现信息技术真正的价值，出现“IT生产力悖论”，“IT生产力悖论”是指IT投资与生产率提升之间存在相悖现象。具体到会计信息系统中，表现为很多财务系统并没有实现与业务系统的有效衔接，只是在原有基础上不断嫁接新的功能模块，财务系统往往独立于其他业务系统，无法进行数据交换、信息共享和控制管理，不能与企业内其他管理子系统（库存、销售、人事、决策等）实现对接，难以形成覆盖整个企业业务与职能活动的管理信息系统。可见，会计信息系统建设中出现的“IT生产力悖论”，最终归因于信息的集约程度低，尚未认识到改变传统会计业务流程的本质，以及建立完整的会计信息系统、实现信息与功能的集成对企业的重要性。

在使用会计信息系统时，还存在另一个问题，即财务人员不懂业务，业务人员不懂财务。财务人员与业务人员之间的沟通往往是“鸡同鸭讲”，在公司召开的会议上，常常是业务部门说的事情财务部门不懂，财务部门说的事情业务部门也不懂。这直接导致财务部门不知道业务部门需要什么，业务人员不知道财务人员能够提供什么。甚至有业务部门说，这件事财务不配合，做不了；财务部门则说，业务部门没提出来，不知道他们需要什么。以项目建设为例，如果对于项目建设，缺少财务参与，就会导致公司领导在决策时，缺乏对项目盈利能力的考虑，最终可能上马一项看似盈利实则亏损的项目。

因此，财务系统必须从部门级应用向企业级应用扩展，再到集团级的三个层次的应用，建立财务信息与其他业务信息的接口，彼此共享，做到“信息集成、过程集成、功能集成”，实现财务信息和业务信息一体化，只有这样，才能真正从全方位、多层次展现可信的决策信息。财会人员只有参与了业务的过程，才知道资金用在哪里，才知道公司的发展目标是什么，才知道公司未来两三年要做什么事情，才知道未来缺不缺钱，才知道现在要不要给银行调头寸，才知道公司如何进行多元化发展，才知道如何更好地树立大财务的观念，而不是整天在财务室里重复同样的工作。

“信息孤岛”现象严重。传统会计信息系统的“孤岛”问题十分严重，不仅存在于会计核算本身，也存在于会计信息系统与企业内部其他管理系统之间。

首先，传统的会计信息系统沿用了手工会计流程的劳动分工理论，大多以采购与付款、销售与收款、生产循环、资产管理、工资管理、财务循环等划分子系统并分别下设子模块，看上去各个子系统似乎形成了整齐的自上而下逐步细化的金字塔结构，将手工会计流程完美地转换为信息化流程。然而，这种机械的替代导致了各个子系统之间的彼此独立、相互分割，让我们看到的是一个个分离的“金字塔”，也就是我们常说的

“信息孤岛”。

虽然，依据劳动分工理论，专业化分工形成了顺序化的会计业务流程，但个别工序效率的提高却忽略了对整体管理效果的考虑。再加上信息技术的发展和经济环境的变化，企业经营管理对会计信息系统的要求已经不限于会计流程效率的提升，劳动分工理论能够在会计信息系统建设中发挥作用的空间日渐模糊。

其次，传统会计信息系统可以支持特定职能部门的管理工作，其作用局限于满足低层次的信息需求，封闭性致其与外界环境隔离，不能为跨越多个职能部门的业务过程提供整体视图。同一业务事件相关的数据被分别保存于会计人员和非会计人员手中，形成信息孤岛，导致数据不一致、信息隔阂和组织中信息重复存储，弱化了会计信息支持决策的功能。

因此，当前会计信息系统升级的首要任务，就是要打破劳动分工理论下会计业务流程对于信息系统建设的束缚，加强跨职能、跨部门、跨业务的信息采集范围，消除“信息孤岛”问题，建设开放性的会计信息系统，从而为信息使用者提供多元化、交叉性的会计信息。

无法满足管理需求。哈佛商学院的罗伯特·埃克尔斯指出：“多年来，各行各业的高层管理者一直在思考如何才能正确评价组织经营业绩。管理者不再把财务数据作为评价经营业务的唯一依据，而是经过综合考虑各种度量结果来做出判断。大型高技术企业的高层领导，现在直接负责建立用于度量客户满意度、产品质量、市场份额和人力资源的系统。”而促使他们这样做的动力就是他们认识到，主要依靠会计信息系统将限制公司的客户服务战略。

不得不承认，长期以来，我国的会计信息化基于输出视角的思路，导致会计信息系统存在如下问题而无法满足管理需求。

传统会计信息系统的顺序化流程掩盖了经济事项的本来面目，并影响会计信息的及时性。当一项经济业务发生时，其业务信息被转换为会计信息录入信息系统中，原始凭证的信息经过记账凭证被分别汇总到日记账、明细账、总账，最终纳入报表。而一旦被系统汇总处理，只能单项地从原始数据到会计报表，无法逆向还原，我们更难以再次看到这项经济业务的原貌。最终提供给信息使用者时，这项业务便如石沉大海，只能呈现所有业务杂糅为一体的“新面目”，只能说明企业的经营效果，而不能详尽说明企业经济效益的实现过程。同时，这样的顺序化流程使得财务报表通常只能经过制单、审核、记账、结账后才能生成，难以实时获取业务事件的信息，造成会计信息的滞后性。

传统会计信息系统的成本、应收、应付、资产核算等内容功能较强，而许多财务系统在预算管理、绩效管理、财务分析等财务管理功能方面的开发力度却并不充分，使得数据从一个处理系统到另一个处理系统时不能自动转换数据格式，这样，就不可避免地增加了财务人员的工作量，同时，由于人工核算、人工输入等人为因素，必然会增加出错率，使得系统不能充分发挥其管理功效和预测功能。从会计信息系统中采集的经济活动的部分信息，仅仅采用了如趋势分析、比率分析、因素分析等较低层次的分析方法，却没有涉及数据挖掘技术的应用，或应用过于简单，限制了信息系统的分析及管理功能，没有充分发挥会计信息化对加强财务管理的作用，远远不能满足实际需要。

整套处理流程实际上就是手工会计业务的“翻版”，会计信息系统只采集了与经济活动相关的货币性信息，与经济活动有关的大量非财务信息、定性信息以及不确定性信息被屏蔽于会计信息系统之外。信息使用者只能被动地接受系统生成的会计信息，个性化、定制化的会计信息的缺失，使得会计信息系统不能很好地辅助于战略决策、经营管理这样的“非需求决定型”的会计系统，这有悖于会计信息“决策有用观”的目标。为了弥补信息系统的这一缺陷，为投资者提供决策需要的更全面的信息，通常采取财务报表附注的形式，补充披露其他财务及非财务信息，表面上看似提高了披露的充分性，但实际上增加了阅读理解的复杂性，“一视同仁”地提供同样的信息也加大了信息使用者从中获取有用信息的难度。

根据会计制度的规定，重要财务数据、报表等必须保留 1 年以上，所以，系统中包含大量时间跨度性很长的数据，面对所积累的海量数据时凭借传统的方式难以全部掌握，存在信息丢失、真伪难辨等现象。同时，由于进入会计信息系统数据源的选择，依赖于会计人员的主观预估和判断，不同的会计政策和会计预估的选用，对最终产生的会计信息具有重大影响。这很容易造成误导，如果不采用相应的技术手段，就不能发现隐藏在数据背后真正有用的信息，不能分析数据中存在的关系和规则，也不能根据现有的数据预测未来的走势，从而无法给出正确的辅助决策的信息。

总体来说，这种面向输出视角的会计信息系统存在着“重结果、轻管理”的弊端，致使我国多数的会计系统难以提供高价值信息用于战略管理决策，并且难以有效地记录、识别和防范相关的风险，在管理会计方面处于相对劣势地位。因此，会计信息系统作为会计信息的采集、处理、报告等过程的载体，面对新的信息需求，必须适时调整以实现会计信息处理的集成化、社会化和自动化，以及如何从大量的数据中经过深层次分析获取有价值的信息，这是时代赋予会计信息系统的新要求。

第二节　财务共享模式下的业财融合

移动互联网信息技术的发展与普及，倒逼企业经营者通过数字化信息迅速发现经营问题，并做出经营决断。传统财会工作难以承担渗透到企业的业务领域，产业与财富的融合也势必给新时期的企业管理者带来思想的创新。①

近几年来，业财融合是财务转型阶段被财务界热议的话题，业财一体化成为企业信息化建设的重点。ERP 系统的普及，给业财一体化的实现提供了条件，但 ERP 系统偏重以财务为核心，信息化也更强调“管控”，这导致业财一体化项目往往不重视对业务的赋能。同时，信息化时代的企业管控更强调流程化作业，相对比较固化，因此，ERP 系统重点是保证经营计划的合理性、业务流程的稳定性和财务数据的准确性。

很多企业内部经营活动可能远离外部市场，使得业务部门普遍缺乏经营活动分析能力。财务智能化可以促使 ERP 系统赋能业务，导致大部分企业经营活动实现业财一体化和财务共享核算，也可以丰富经营分析的功能，加之信息化时代的系统建设采用项目制，也在一定程度上导致企业智能化管理和业财一体化项目的自我进化。

一、业财融合面临的挑战

数字化时代的新挑战主要体现在人才、流程、技术和信息四个方面。

① 刘钦．数字化时代下的业财融合路径构建与研究 [J]. 纳税，2021，15(04).

（1）人才：数字化复合型融通型人才，主要是管理会计人才的培养成为迫切的需求。

（2）流程：业财一体化流程的智能场景应用，推动财务管理智能化升级和一体化建设。

（3）技术：智能新技术的应用要求财务人员要打通 IT，建立财务 IT 翻译器职能，财务信息化管理要专业化、常态化。

（4）信息：业财融合信息快速实时响应，利用数据建模进行预测，打通数据资产中心的变现渠道。

数字化时代需要复合型、流通型的人才。这不只是要熟悉业务、清楚财务，更重要的是要能够掌握智能化财务信息系统，明白什么样的业务场景造就什么样的智能财务数据、流程和信息，明白数据和信息是核心竞争力，技术和流程是企业管理的核心要素。

二、业财融合的含义

面对新时代的新挑战，业财融合的含义也正在发生变化。从字面意思上理解就是：财务要懂业务，业务要懂财务，要融为一体，要互相参与。从前面提到的业财融合的关键因素来看，最好的方式就是将财务和业务放在同一流程上进行财务核算，共享同一数据和系统，以此促进数据共享和统一财务指标。在思维方式和工作方法上，智能化可以促进业务与财务进行彻底的融合，当财务流程打通的时候，应该从业财融合方向去建立财务共享服务中心，就是说，业财融合是一种共享思维方式，需要顶层设计来推动的思维方式。这一切清楚地表明了业财融合是一个生态，在这个生态中存在多种多样的场景，多种多样的价值链，对业财融合的理解是一个不断探索的过程。重新认识业财融合，就需要建立业财融合的生态观，这既是顶层设计，也是基础架构；既是管理理念，也是工具方法。

业财融合绝对不只是业务和财务的融合，而是要打通企业全场景的生态链，将财务管理方式和人员融入业务活动，实现业务与财务数据、业务处理流程和信息系统的全面共享与融合，以提升企业应对复杂多变环境的能力，实现高效敏捷决策。

如图 5-3 所示，实现业财融合的关键是数据、流程和系统的全面共享融合。

首先，企业的业务财务基本数据要融合，以确保提供供应商主数据，充分分析客户主数据，了解人力资源主数据，实现统一设立人岗匹配规则，建立全业务流程的统一标准。其次，流程也是共享融合的。在实务中，业财融合流程取决于企业发展的阶段，但是，终极目标都是要穿透到最前端的业务流程，穿透上下游供应商和客户，穿透产业链。最后，系统的共享融合对组织和流程的融合能够形成很好的助力，核心仍然是要形成数据流程系统的合力，为组织变革和管理提升赋能。

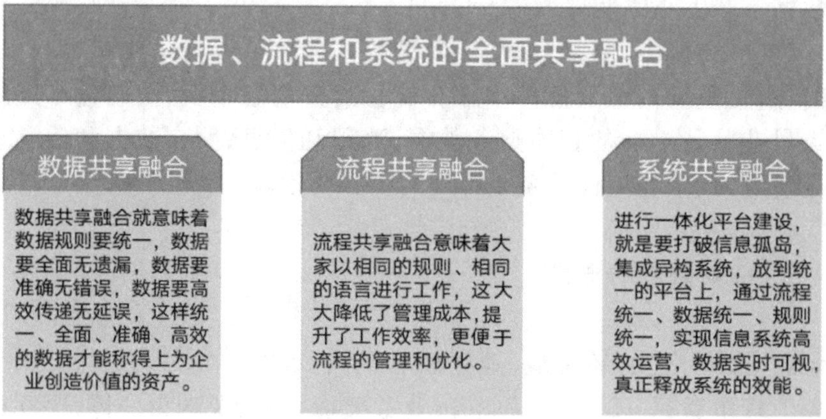

图 5-3　业财融合的关键

三、数字化时代业财融合系统方案

（一）实现财务流程和业务流程同步化

再造公共服务类企业的财务流程与业务流程的契合关系，通过业务与财务核算的高度匹配和及时融合，实现前端业务流程的网络化，解决业务流程和财务流程之间的脱节现象。例如，在经济业务发生时，首先处理解决实时业务凭证数据，以原始为依据，自动生成记账凭证、财务账簿和会计报表，实现业务信息和财务信息在业财融合中的一致性、同步性和完整性。

（二）统一数据标准和业务系统软件

按照财务管理要求，结合企业现有的信息化基础，制定规范化、统一化的基础设置规范，实现各业务板块财务数据的标准化。数据标准化将为实现多组织的数据集中管理和分析奠定良好的基础，同时，整合各业务系统软件，实现同一板块业务系统的统一，在数据标准和各业务系统软件统一后再将业务系统与财务系统对接融合。通过规范的管理流程，制定相关的系统制度，加以系统的信息集成，调整相关的信息设置，为企业提供准确的数据信息，将大数据系统与财务数据对接，从而达到有效的事先预测、计划与决策程序，实现事中控制。

（三）通过业财融合实现财务智能分析

推进业财融合，实现财务管理系统与业务管理系统、预算管理系统等的对接。在传统财务指标的基础上，按照差异化的业务需求准确提供各种业务数据信息，将业务数据与业务活动紧密结合，并进行财务分析，以此对企业内部经济活动数据进行加工、整理，分析了解管理层所关注的企业经营指标。以公共服务类企业中的供热企业为例，业财融合后，可以通过智能化分析其购热量、售热量、应收采暖费、实收采暖费、收费率、客服工单等指标，并根据换热站或者用热小区，自动进行横向和纵向的基于财务数据的比较，以帮助决策者全面快速地掌握供热企业经营状况，从而便于决策者及时制定和采取措施，提升企业的经济效益和防范经营风险的能力。

第三节　财务共享的智能化发展

一、智能时代的财务变革

（一）人工智能正在改变世界

近几年，随着计算能力不断提升、算法模型逐步完善、数据资源融通共享，人工智能在各行业的落地应用进程明显加快，为传统行业的转型升级注入了强大推力。

人工智能并非仅是一种新技术，更是未来推动经济社会发展的重要基础设施。坚持应用导向，加快人工智能科技成果在各行业的商业化应用，既是发展人工智能的强力手段，也是我国抢占智能时代战略制高点、形成核心竞争力的必然选择。目前,人工智能产品已经走进了我们的日常生活,改变了我们的生活方式。智能手机、可穿戴设备、智能家居等产品使人们的生活越发丰富多彩;半自动驾驶汽车、智慧交通系统、智能停车系统等可以有效提高人们的出行效率,降低出行成本;医疗导诊机器人、康复医疗机器人成为病人恢复健康的有力助手;等等。

虽然人工智能技术研究已经有了60多年的时间,但形成一定规模的产业化应用是近几年的事情。此前,由于技术、成本等诸多方面的限制,人工智能产品并没有得到大规模推广普及,大众更多地将人工智能视作一种存在于科幻电影中的虚无缥缈的事物。直到近几年,在智能手机上线各种智能语音产品(如苹果手机的Siri)、百度与谷歌的人工智能测试无人驾驶汽车、AlphaGo击败世界围棋冠军等多种事件的综合作用下,人工智能的概念才得以被大众广泛认知。

也就是说,人工智能赛道的竞争序幕刚刚开启。本质上,人工智能的产业价值是由大数据驱动的,而百度、阿里、腾讯、谷歌、亚马逊等凭借自身积累的海量数据在竞争中具有一定的领先优势,但在教育、交通、医疗等领域培育前景可观的人工智能市场,绝不是一两家企业能够完成的事情,所以,这些行业领先者无一例外地选择了“打造开放平台、扶持技术创新、构建生态联盟”的布局策略。

为此,我们需要厘清人工智能在各行业落地的思维、趋势、应用场景、增长逻辑、实践路径。这样才能精准切入,充分利用有限的资源,在人工智能商业化应用风口中分一杯羹。未来,人工智能产品将会像水和电一般,成为人们日常生活中不可或缺的有机组成部分。

(二)智能时代也在改变财务

技术进步引发了人类社会的四次工业革命:第一次工业革命,伴随着蒸汽机的轰鸣,机器取代人力从事部分生产活动,分散的手工作坊转变为工厂;第二次工业革命,电灯照亮了夜空,工厂走向流水线,管理和操作分离,管理成为科学;第三次工业革命,计算机开启了信息时代,实现了生活的自动化、生产的自动化和办公的自动化;现在,第四次工业革命正如火如荼,以“大智移云”技术为代表,智能化理念不断融入生活的点滴,智能化制造效率惊人,海量的数字信息蕴藏着未来的无限可能,智能化时代已然到来。

智能时代,财务管理也会发生翻天覆地的变化,而且,财务智能化是不可避免的。尽管绝大多数的财务管理人员还没有完全意识到，从手工会计时代到网络会计时代再逐步发展到未来智能会计时代将会给财务管理带来怎样的影响。总之，智能会计时代会潜移默化地改变着现代企业的财务管理。

我们并不需要从技术角度去分析，财务管理如何利用人工智能实现智能化，我们更关心的是智能时代下财务管理要素架构会发生什么样的改变。如图 5-4 所示，智能时代财务管理、财务人员从组织模式、人员认知、信息技术等方面全方位地改变着财务。

1. 智能时代促使财务组织模式变革

新经济环境下，财务管理环境发生了重大变革，财务会计知识结构一直在进化和演变，财务知识与现代技术的发展是相匹配的。智能会计时代的财务管理在组织层面上发生了重大变革，可以从学科发展战略、专业发展方向、财务共享知识、业财融合状况四个方面对外拓展。智能会计时代的财务组织，将具备更多与人工智能时代计算机技术和网络技术特征相匹配的新职能，如大数据分析、人工智能技术、云计算、移动互联和财务共享等。财务管理机构将从刚性管理向柔性管理方面转移，为业务活动和业务管理提供更加丰富和灵活的支持。

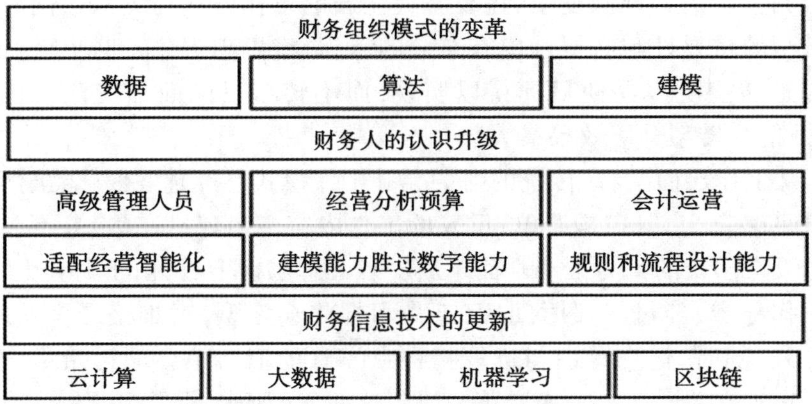

图 5-4　智能时代对财务的改变[①]

人工智能时代财务机构的工作核心是与财务云计算、大数据分析、财务机器人、区块链、移动互联等技术进行协同。一方面，智能会计时代

① 董皓. 智能时代财务管理[M]. 北京：电子工业出版社，2018.

的各种新技术需要有相互关联的智能财务机构进行匹配，负责财务数据管理和财务信息管理系统维护，组建财务建模团队提高财务人员财务算法学习能力。另一方面，财务管理团队需要与能够运用智能技术的专业技术人员相结合，组建大数据分析能力比较强的智能风险控制团队，组建能够运用大数据进行资源配置的技术管理团队和财务预测计算技术的预算管理团队等。时代发展是循序渐进的，智能技术的人才与新型财务机构及相关资源管理也可能在一个比较长的时期共存。在智能会计时代，财务管理变革的合理路径就是完善前瞻性的组织架构，加强对财务人员的培训，最终建立新型财务机构和财务信息管理系统。

2. 智能时代促使财务人员的认知升级

随着智能时代的来临，人工智能、信息技术等的快速发展，人们的思想观念发生了巨大变化，各行各业的变革愈加猛烈，使人们的工作方式相比以往具有很大的不同，并在持续发生变化。而智能技术与专门技能正是商业模式与管理模式变革的关键要素。在智能时代这一大背景下，管理模式的重要性已经等同于经济发展，并对财经界及其财会人员产生了重大影响。

当然，企业财务人员的认知及转型不是一蹴而就的，不仅要将自身融合到全新的管理制度中，还要掌握全新的工作方式与方法。同时，对于转型的重要性与必要性应有充分的认识，将思想观念及时更新，清楚地知道转型更容易使目标得以实现，而不转型只能面临淘汰，只有这样，才能将转型升级效果最大化。

从工作层面上看，传统的财务会计工作模式已经越发僵化，虽然，业务量足够充实，但多是简单、重复的工作内容，对自身发展十分不利，并且也没有多余的精力推动全面革新。从心理层面上看，由于财会人才大多工作稳定，经过一段时间后，工作习惯将会定型，很难接受全新的工作方式，同时，忧患意识与进取精神在岁月的消磨中会消耗殆尽，在心理上很难支持财务的全面变革。受到这两方面原因的影响，财务人员的成功转型举步维艰，为此，财务人员应以改变其思想观念为出发点，将自身命运与个人价值的实现与企业的发展相结合。财务工作是企业发展的重中之重，应通过提高财务人员的地位，激发其积极性，同时，进行针对性培养，提高他们的相关技能，从而促进工作效率的提高，在这样的情况下，财务人员将会为企业的建设与发展注入新的活力。

实行智能化管理，需要规范的方案，主要包括以下几个方面。

（1）完善各企事业单位的信息管理网络，招聘培养专业化的人才，针对具体的工作内容，分配对应的人才，各司其职，实现机器和资金运营工作的高效管理。

（2）对于网络的总体管控，也要设计科学可行的体系，针对程序应用和网址访问，加入细致严谨的信息核实系统，保证信息分享的秩序性。

（3）网络信息分享建立在安全可行的基础上，利用专业的计算机技术，建立安全防护系统，维护企事业单位资金运营相关信息的正常流通，保障信息共享的稳步进行，通过科学的手段，为信息分享保驾护航。建立稳固的硬件程序，形成刀枪不入的城墙，保障企业资金流动信息的安全性。可以设置层层关卡，不留一丝缝隙，在防火墙的基础上，再罩上一层保护膜，设计密码保护程序，加以科学识别验证的方法，充分保护企事业单位资金的安全。利用计算机技术，为信息共享加上层层防护，加强防控病毒和信息监管，避免一切病毒程序的攻击。

3. 智能时代带来财务信息技术的变革

在财务信息技术方面，对人工智能会计的影响和会计信息利用变化影响很大。如前所述，新经济环境下技术的核心是人工智能、大数据、信息技术和财务机器人等技术的发展和进步。特别是云计算的发展对财经大数据和财务机器人的计算能力取得决定作用，由此衍生出的物联网、区块链等新兴技术对财务管理也会产生非常重要的影响。

在大数据方面，互联网背景下产生的巨量数据集合，其来源甚广，小到个人的吃穿住行用，大到浩瀚宇宙的一次天体运动，囊括着人类社会的各类活动。麦肯锡将大数据的特征总结如下：海量的数据规模、快速的数据流转、多样的数据类型和较低的价值密度。海量、高维度且可实时接入的数据逐渐成为企业的宝贵财富。如何在这海量的数据中挖掘有用的信息，将无意识的数字转化成有价值的商业洞察，便成了企业未来发展的关键所在。维克托·迈尔－舍恩伯格在其著作《大数据时代》写到，大数据分析摒弃了原有的随机抽样分析，转向对全部数据进行全面整理、筛选、分析，主要是为了弥补抽样调查的随机性和片面性，确认大数据的可靠性，从而能更准确地预测未来。大数据分析不再沉湎于历史以探求“为什么”的问题，它更加关注即将发生的未来，从而成为新发明和新服务“取之不尽,用之不竭”的源泉。就像望远镜能让我们遥望宇宙,显微镜能让我们看见微生物一样,大数据将带我们看到一个更加精细也更加广袤的世界。

在财务机器人方面,需要通过分析和业务需求找到合适的财务机器人学习切入场景,让智能时代的财务管理人员有能力参与到财务机器人建模和营运过程中,尽快规划并积累相关知识和技术,用于分析财务机器人学习的财务管理场景的数据,可以说,没有数据分析能力的财务机器人的数据学习是没有应用价值的。

在云计算方面,提供了互联网络下的一种新型的信息获取方式或信息使用模式,云是客户端信息资源的集合,资源包括网络、服务器、存储、应用软件和服务。“云技术的诞生就相当于产业革命时期建立的发电厂,把 CPU 运算资源(云计算)和数据资源(云存储)比作电力,不论是用户还是生产者,再也不需要自己制造发电机(买服务器、配置系统、维护数据库和网络)了,只需要将插座(终端)接上电源,之后按需求和使用量弹性付费。”用户通过手机、电脑等方式接入数据中心,按照自己的需求进行计算,以更低的成本、更高的可靠性、更灵活的扩展性,打破时间的瓶颈和空间的束缚。云服务可以支持任何企业或个人提出的在运用管理方面的需求,无须企业自行建设,企业可以将精力聚焦在核心业务上。

总之,财务智能化的管理需要规范的财务管理方案,这主要包括以下几个方面。

(1)完善各企事业单位的网络信息管理系统,需要招聘、培训、培养专业化的人才,针对具体的财务管理工作内容,分配对应的财务会计专门人才,实现财务机器人和资金管理工作的高效合理运营。

(2)对于网络技术时代的总体管控,财务数据系统也要设计科学可行的体系。财务人员应该针对程序应用和网址访问,设计财务管理系统架构,加入信息核实系统,进行数据查询和分析,保证信息分享的秩序性。

(3)网络信息系统是建立在安全可行财务数据信息系统基础上,利用专业的计算机技术和网络信息系统。建立安全防护系统,通过科学的手段,确保企事业单位资金运营中信息数据相关信息的正常流转。通过制度建设保障信息共享的稳步进行,为财务信息系统共享保驾护航。

(4)建立稳定的财务管理信息系统,保障企业资金流动信息的安全性；利用信息系统密码保护程序，通过科学的影像识别验证系统，充分保护企事业单位资金的安全。计算机技术和网络技术的进一步发展，也为财务信息共享系统加入了层层防护，专门针对病毒防控和信息监管等方面设计的程序和方法，将避免一切病毒程序对财务管理系统的攻击。

二、智能化财务管理

（一）智能化财务管理功能

1.功能架构的智能数据层

人工智能技术在各个方面推动了财务管理功能的智能化，传统财务管理信息化系统架构将发生重大变革，财务管理智能化最重要的是财务数据与大数据系统融合的内涵发生的变化。在传统财务管理信息系统架构下，结构化数据是财务系统处理的主要对象，大数据技术融入企业业务活动以后，结构化数据的局限性无法完全满足智能化财务管理的需求和财务信息系统对数据的需求；非结构化数据随着智能化融入经济活动管理，已经成为非常重要的财务数据的构成部分。

2.功能架构的智能引擎层

财务管理功能架构在智能时代下应该引入智能引擎层，对财务信息系统进行智能化架构升级，将关键支撑技术智能化、组件化、系统化，依靠引擎形式支持不同财务管理和经营业务场景的应用。引擎层是通用技术平台，将经营管理产生的大量数据进行系统的整合，在不同的应用场景下，通过引擎层的牵引可以灵活协调相关配套的业务应用。大数据引擎层可以实现整个财务信息架构数据系统与底层技术工具的共享。智能时代财务功能架构的智能引擎层主要包括以下几个方面。

（1）智能化系统识别图像引擎

人工智能时代图像识别引擎，主要通过对业务活动相关原始单据图像化，并通过图片信息识别系统，对结构化数据进行采集和应用，引擎可以提高自身的图像识别能力，从而扩大可应用的价值和场景。

（2）智能化系统规则引擎

作为人工智能化初级应用，首先，应该建立财务系统智能化规则引擎，使其在整个财务信息系统内部规则制定中发挥重要的作用。智能化规则引擎支持信息系统在财务管理操作流程中的运行，可以对财务数据进行大量分析、判断、核算、调整、审核和分类等方面的应用，完善引擎规则应该依赖经验分析，或者依靠财务机器人实施辅助。

（3）智能化系统流程引擎

人工智能时代对财务系统业务活动的智能化处理成为必然，流程引擎对业财融合具有非常重要的作用。一个好的流程引擎可以全面提升财务信息系统的流程化水平。由规则引擎驱动经营活动流程引擎，并且推动财务机器人对规则引擎进行优化，流程引擎与规则引擎的结合能够使流程引擎能力得到大幅提升，使智能化财务系统更加完善。

（4）智能化系统云计算引擎

智能化财务系统数据储存与应用应该依托云计算，可以处理包括结构化数据和非结构化数据在内的海量计算。云计算引擎可以让大数据代替传统计算模式下的伪大数据，使财务应用场景得到真正的技术支持。

（5）智能化系统财务机器人引擎

智能化系统财务机器人引擎，主要是通过财务机器人对不同业务场景的大量业务和财务数据进行再利用，并通过制定相应的优化规则，进行流程优化和规则优化，财务机器人引擎是流程引擎和规则引擎的引擎后台。

（6）智能化系统分布式账簿引擎

智能化系统在区块链、物联网的应用中，需要在财务信息系统底层搭建各类分布式账簿，以实现智能化系统在财务信息系统中的应用，通过引擎化的方式，将分布式账簿管理系统变得更为标准和可配置。智能化系统分布式账簿引擎，需要区块链技术从计算技术概念到经营业务系统形成有效应用。有了分布式账簿引擎，可以促使区块链应用进一步加速，确保智能化系统进一步发展。

（二）财务与科技的信息化协同

智能时代，财务信息化的架构发生了很大的改变，这主要体现在财务数据和智能技术层面：在财务数据收集、处理、应用层面，可以从结构化数据对财务管理的应用到非结构化数据对业务管理的运行；在智能技术层面，主要表现在大数据技术、云计算与存储、财务机器人、物联网技术等新技术引擎在财务信息化管理中的应用。

在实际的应用场景中，财务与科技的信息化协同主要表现在两个方面：一方面，传统的财务信息化应用场景会被优化，形成更为高效或实用的升级场景；另一方面，基于新技术的新应用市场将大量涌现，在这样的背景下，财务部门内部、科技部门内部、财务部门和科技部门之间的协同变得更加复杂，也尤为重要。而我们不得不正视的是，智能时代已经来临，很多企业财务部门、财务共享服务中心、财务资金营运中心和科技部门都没有做好相应的准备工作，如何应对快速来临的技术革新，往往有些不知所措。因此，认真地研究智能时代可能给传统的财务、科技协同关系带来怎样的挑战，以及构建怎样的新机制来积极面对，就变得迫在眉睫和至关重要。财务与科技的信息化协同如图 5-5 所示。

智能信息化时代，各个企业单位都实行信息一体化管控，企业资金信息化运营模式是重中之重。智能化信息管理要遵循科学化和合理性原则，要求财务管理部门推动智能化应用，推进企业相关部门尽快实现财务管理系统信息公开和共享，使得企业的资源数据在经营活动中被充分合理地应用。加强各个营运部门与财务共享服务中心的互动能力，推动信息化数据管理与财务监督共同进步，增强智能财务中心活动对信息资源的利用和掌握能力。

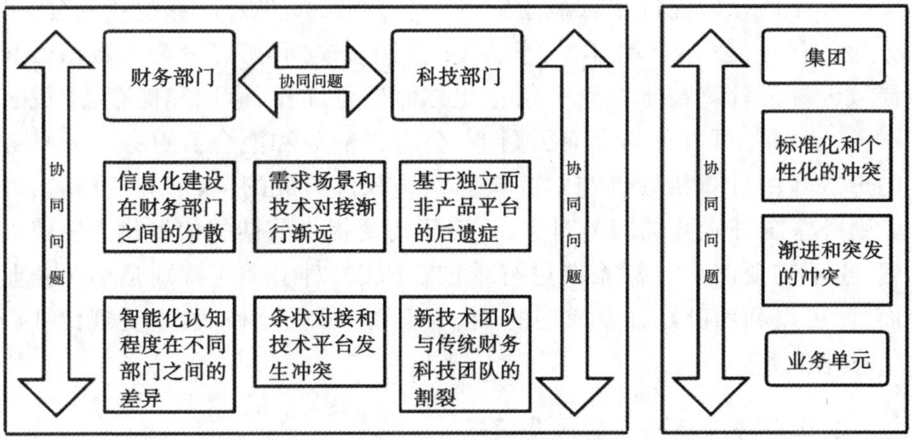

图 5-5　智能时代财务与科技的信息化协同①

① 董皓．智能时代财务管理 [M]．北京：电子工业出版社，2018.

（三）云财务

云财务是基于云计算的云会计平台，是指用户通过互联网计算企业经营活动数据。即利用计算机终端或手机端将企业业务财务与数据在云会计软件上储存，为会计管理提供应用数据，并通过相关接口对接云储存数据系统与国家相关系统，从而实现自动计税、自动缴税。

1. 云财务对企业发展的作用

（1）云财务为战略决策提供有效的信息

战略决策是企业长期发展的核心，企业规模的由小变大是战略思维，实力由弱变强也是战略思维。企业新资本的不断注入和扩充保证了资金流的充足，设施设备的不断投入保证了资产结构合理化，业务规模的不断扩张有利于企业保持活水源头。也有一些企业因决策信息不对称和信息资源失真造成了投资的盲目性。企业规模与企业信息化程度密切相关。云计算、云财务的有效使用，可以使企业在同一平台上获取云财务战略投资信息，也可以有效利用财务信息进行战略投资。

（2）云财务可以降低企业信息化成本

云计算思维促进了云概念的进一步发展，按照云计算模式划分，可分为私有云、公有云、混合云等形式；按照规模划分，可分为大数据云和局域云。云计算技术在财务信息化方面进行计算、运用和储存，形成云财务，云财务可以分为私有云财务、公有云财务和混合云财务。云财务的形成是由计算机硬件与财务核算系统软件组成的，云财务使用者，即云财务系统开发商的服务对象，一般不需要提供前期的信息化开发建设费，也不需要对云计算系统进行维护。所以，对于企业特别是小微企业而言，可以利用已经开发成型的“公有云财务”共享模式，享受现代社会信息化服务。

2. 云财务营运存在的主要问题

云财务是“互联网 +”下的必然产物，它对企业的战略发展、内部控制与提高经济效益将产生积极的影响。但在云财务建设中却存在环境不佳、认知粗浅与云数据安全隐患等诸多问题。为此，国家、云商与中小企业要协同采取措施，以保证云财务的有效使用。

（1）云财务建设环境影响比较大

①云财务服务商产品应用缺乏实用性。云计算和云储存对云财务影响很大，云财务产品服务商提供的很多产品应用缺乏实用性。主要有两个方面原因：首先，很多云财务是公用模式，不是根据企业实际情况定制。为了降低开发成本，云财务开发服务商一般会针对大型单位与集团公司进行财务云定制，一般中小企业无法支付这笔开发费用。其次，大部分企业需求功能不完整。云财务开发服务商无法给中小企业开发相关云产品，主要原因是中小企业只注重低档资金收付与会计核算，需求功能不完整，没有将财务与业务融合。为了降低服务费用，没有将财务控制融入企业内部控制各个环节，不能为经营决策、风险评估提供有用的财务与业务信息。

②云产品影响使用者信任度。目前，没有一个功能齐全、操作简便、数据安全、价格实惠、互联畅通的云产品让人折服。个性化云产品对云服务商要求比较高，需要集中精力为企业设计发展所需的产品并且合理应用。

（2）云财务的认知层面不全面

投资者关注的是企业如何保证营业运转、扩大经营规模、降低运行成本、提高财务效益等方面，使财务系统信息化的发展受到影响。企业一般认为电算化或云财务费用是一种浪费，业务依靠计算机储存和财务处理替代手工记账就可以了，无须将过多的人力、物力与财力投入云财务信息系统的开发上，很多企业的财务人员由于局限于知识面还不知道“财务云”的概念和主要用途。

（3）云数据安全性影响比较大

云计算技术是人工智能时代的重要产物，企业财务功能与大数据中心的融合可以完美地增强数据平台适用范围，财务系统云计算、财务资料云处理、财务数据信息云储存能力越来越强。云数据中心建设与应用过程中对云数据安全性影响比较大，云计算环境同样也会影响云财务的安全问题，这就要求企业提高数据中心安全防御力度。

财务信息是企业的核心经济信息，对企业经营管理十分重要，一般具有保密性。企业除非有特殊的需要，否则，财务信息都不能对外公开披露，当然上市股份制企业除外。企业内部的财务信息可以充分反映企业的融资规模与构成，可以真实反映企业投资流向与结构，也可以实现经营战略与发展趋向，还能够切实可行地评价企业的财务状况与盈利能力。财务内部信息影响企业的生存与发展，同样要求高度保密，相关关键管理人员应该保证从职业道德层面或者法律层面保守企业商业机密，但意外情况和道德法律风险也是很大的。云财务可以防范这一信息风险问题，企业可以将财务的原始信息、处理过程和结果通过互联网传输到云终端，使用信息系统经过财务云平台进行标准化的程序操作，加工成计算操作后的财务与经济业务数据，然后，储存保留在终端的数据库里。这将有效避免财务数据在传输、加工与存储中的风险和危害，特别是泄露、篡改与丢失方面的风险，各种云财务产品正常运行可以解决企业最担心的财务数据安全问题。总之，信息体系有利于完善云财务的建设与发展。

3. 云财务有效应用的对策

云财务具有建设成本低、管理成本低、运行环境灵活的优点，但也存在安全系数低、迁徙成本高、内控难度大的缺陷。根据云财务模式的特性与企业发展的初始阶段对云财务的需求，二者匹配的关联度较高。为了确保云财务模式的有效运行，用户不但要做到选择云商的正确无误，而且还要开发具有个性化的云财务产品，精心打造自己的云财务操作团队，从微观和宏观上做好云财务的应用与开发工作。①

（1）开发具有个性化的云财务产品

云财务产品市场情况如何与企业用户对云计算、云财务等计算技术了解有关，最主要的是与不同企业对象需求有关，要求云财务服务商按用户需要去研究开发产品，并且根据市场发展和产品的共性与个性有机结合。

①保证云财务满足不同企业需求。每一个企业对云财务都有需求，集团公司、大型企业、跨国公司、上市公司与一般的中小企业对云产品的结构和功能方面的需求各不相同。即使属于同一规模而处于不同的产业或行业的企业，在结构和功能方面对云财务的产品要求也各不一样。首先，产品制造企业需要有原材料的购进、产品销售、产品的储存方面预测与核算模块；其次，需要市场预测、成本控制、生产计划、会计核算、业绩考核、成果分析等方面的功能模块；最后，商品流通贸易企业只

① 管晨智，管友桥．云财务在中小企业中的有效应用初探[J]．商业会计，2018（01）．

需库存商品的购进业务、商品销售、库存商品存储业务方面的模块。如果充分考虑了企业在不同方面的个性需求，也可以考虑一些共性的因素，如货币资金模块、固定资产模块、往来款项模块、实收资本模块、销售收入、成本、税收、费用等经济业务方面的共性核算与内控。云财务产品的研发可以把握好共性需要，降低开发成本，也要彰显其个性需求，确保客户应用。

②保证云财务满足企业发展需求。新技术在企业发展过程中起着至关重要的作用，企业各个阶段由于发展需要对云财务的功能与质量要求都有独特的需求。所以，云财务开发服务商应该开发个性化的阶梯式云产品，并且保证云计算功能是由低端逐渐向高端融合，同一企业在不同的发展阶段可能因为阶段需求选择不同的云财务模式，同时，也要考虑发展需求，以保持数据信息的连贯性，避免云财务建设成本投入的重复性。

（2）确保云财务数据信息的安全稳定

①云数据在传输过程中的安全。数据传输与应用是云财务最常见的内容，企业要通过局域云将经济业务的原始数据通过外部形式的互联网传输至公共云端，安全问题非常重要。云财务开发服务商如何建立传输线路隔离区，在信息传输的整个过程中十分关键，既要确保信息数据的完整性，还要确保信息传输的稳定性，又要确保信息的安全性。传输途中不能被诸如黑客或者竞争对手非法截留与篡改，同时，也要确保不能因技术问题导致关键财务信息数据的失真或丢失。随着智能手机为代表的移动终端可能成为企业自动化办公和信息技术的重要工具，也给移动终端安全问题提出了技术难题，这也是财务云顺利使用和推广非常关键性的问题。

②云数据在储存过程中的安全。云数据存储安全是目前云计算面临的最大威胁。企业将经济业务数据储存在互联网状况下的公共云端，云财务开发服务商对数据安全有重要责任，采用分布式数据储存方式也是可以分散经营风险和财务风险的方法。对于具体客户而言，云计算、云财务、云储存是新技术，财务信息数据存在何地不清楚，如何确保财务信息保密也无法自身驾驭，财务数据的安全问题基本上是依靠云财务服务商来解决的，安全问题不仅考验云服务商职业道德，也考验云服务商防盗信息技术水平。国家应出台相关的法律法规，规范云服务商行为，加大对云服务商的制约和规范，同时针对黑客扩大打击力度。

③云数据在使用过程中的安全。使用数据也存在风险，一些企业管理者对于数据的安全意识比较淡薄，财务人员对财务信息数据保密意识也不强。一方面，云服务商要提供财务云服务，设立责任条款确保云财务数据保密与泄密责任落实；另一方面，要向企业管理者提供云数据安全意识教育，确保用户安全使用云数据。协助客户建立云数据上传、储存、使用等内部账号密码，促进云财务数据安全、保密动态管理，同时，也要有效防止病毒入侵与黑客的攻击。

（3）从宏观上规范引领云产品服务

云财务的发展涉及国民经济各个行业，甚至影响整个国家的经济发展。所以，国家相关部门应该在战略的高度上规划云服务方向，建立云服务制度，促进对云财务的有效开发利用。

①健全云财务产品标准化管理。制定法律规范是保护云财务的重要手段，国家相关部门应该制定云财务开发的统一基本标准，规范云计算功能架构，确保各个云计算服务商在开发云产品时制定输入输出端的标准化指标、标准化操作流程，以实现整个云产品系统的共享。标准化管理可以杜绝云计算服务商之间实行产品壁垒，确保开发云财务产品的数据可迁徙性，同时，要提升自己的云产品与服务质量。

②加强云财务开发资金的投入。为了保证云计算、云财务科学开发，国家应该选择适当的产业、行业和企业，按照国家规定的基本标准进行研发投入，帮助云财务产品升级开发。可以财政资助的形式帮助云计算产业建立相关研究开发与试用基地，组织行业内部广泛探索云财务技术升级的研发与试用经验，国家宏观经济部门还要注意其他信息化产品与云产品研发的数据兼容性。

第六章　智能财务理论及其具体工作

随着人工智能的发展，财务行业正在接受新一轮的数字化、自动化、智能化的洗礼，智能财务也成为热门的话题。其不仅可以帮助财务人员对财务信息加以获取，还能够快速计算、智能处理财务数据，从而为企业提供更好的智能决策支持，使财务人员逐渐从账房先生转向军师参谋。当前，智能财务已经来到我们的身边，本章就将重点分析智能财务理论及其具体工作。

第一节　智能财务的基础理论

一、智能财务的发展历程

(一)第一阶段：会计电算化阶段

1978年,财政部拨款500万元给长春第一汽车制造厂,进行计算机辅助会计核算工作试点,同时,全国企事业单位逐步推行在会计工作中应用电子计算机。1981年8月,由中国人民大学和长春第一汽车制造厂联合召开了“财务、会计、成本应用电子计算机问题研讨会”,并在这次讨论会上提出了“会计电算化”的概念,这标志着我国会计电算化已经在会计信息化建设与发展研究方面开始起步了。但这一阶段,我国计算机信息处理技术还比较落后,对于会计信息化的理论研究也相对较少,会计信息化发展相对缓慢。这一时期的学者主要以专著的形式来研究会计信息化,代表作品主要有中国人民大学王景新教授撰写的我国第一部会计电算化专著《会计信息系统的分析与设计》,以及《电子计算机在会计中的应用》,还有由我国台湾林慈珍教授撰写的,探讨会计电算化内部控制与计算机审计的《电脑化会计资讯系统之控制与审计》。1987年11月,中国会计学会成立了会计电算化研究组,会计电算化的理论研究开始得到重视。

(二)第二阶段：信息化阶段

随着会计电算化的深入开展,会计软件市场基本形成,并逐步走向成熟。20世纪90年代中后期,“两则”“两制”的推出及全国范围内的会计大培训和会计电算化初级上岗证的施行,使我国的会计电算化事业取得了突飞猛进的发展。

会计信息化理论研究在这一时期也得到了长足的发展。此时,广大学者已经开始对会计信息系统网络环境下的设计、应用以及内部控制进行研究,分析了我国会计软件由核算型向管理型转变的理论基础,确定了网络会计信息系统将成为今后的研究重点。

1999 年 4 月 2 日至 4 日，深圳市财政局与金蝶公司在深圳联合举办了“会计信息化理论专家座谈会”，提出建立开放的会计信息系统，进而引出了会计信息化概念及其含义，这标志着我国会计信息化的产生。此时，一方面，人们将目光转移到“会计信息化”这一概念上来；另一方面，随着电子商务、ERP、SCM、CRM 等信息系统的发展，网络技术在会计领域深入运用，网络会计极大地推动了会计的信息化和网络化。此时，学者们也开始重视对于会计信息化实施的研究。

随着会计信息化软件在企业中的广泛应用，我国会计理论界也开始对会计信息化的理论进行更深入的研究。2002 年起，中国会计学会每年都定期召开会计信息化年会，对会计信息化理论进行了深入的研究。中国会计学会会计信息化专业委员会主任杨周南教授为会计信息化年会的召开，会计信息化发展起到了极大的推动作用。庄明来教授在 2007 年一篇《我国上市公司宣告采用 XBRL 的市场反应研究》文章中也表明，XBRL 的应用对于我国的上市公司股价反应并不显著，并给出了原因及建议。

我国政府也积极颁布政策制度，以推进我国会计信息化及其相关软件产业的发展。2002 年以来，财政部门允许地方对各单位用账实行备案制，不再组织应用验收。2002 年 10 月，原国家经贸委企业改革司委托用友公司组织编写了《企业信息化基本知识系列讲座》，成为我国企业开展信息化工作的权威普及读本。同时，国家标准化管理委员会发布了《信息技术、会计核算软件数据接口规范》，从而建立了会计信息化的标准体系结构。

随着会计信息化的出现，财务共享逐渐进入人们的视野，并在企业中大面积地推广。随着大数据、云计算、移动通信的推动，财务共享获得了突破性的发展。但是，财务共享也仅仅停留在流程化的财务管理阶段，并未从本质上提出业务上的智能化。

（三）第三阶段：智能化阶段

随着人工智能技术的再次崛起，计算机视觉技术超越人类极限，机器的处理对象转向知识。企业财务管理在很多层面上获得了新的方法，财务管理中的预测决策、风险管控等有了更为先进的算法与模型。

与信息化阶段相比，财务智能化对企业各类信息的处理效率有了新的突破。在这一阶段,从发展态势上看呈现了三个主要场景。

第一,基于自动化技术的智能化,即基础性的财务工作基本都可以实现自动化,如自动记账、自动对账、自动审核等。

第二,基于弱人工智能的智能化,即仅仅完成人类可以做到的特定的某项智能任务,如采集更多业务、采集财务数据等。

第三,基于强人工智能的智能化,即可以完成任何人类可以做到的智能任务。相对来说,这项离我们还比较遥远,在短期内还很难实现,但有很大的发展空间。

二、人工智能财务的定义

由于智能财务刚兴起不久,学术界还没有普遍认可的定义。本书就从如下三个层面来分析。

(一)智能财务的基础——数字化

没有数字化,就不会有智能财务。财务的数字化即将多种复杂的财务信息转向可以度量的数据,进而使用人工智能算法建构智能化模型,从而实现财务的智能化。

(二)智能财务的主要内容——自动化

财务软件的自动化,即财务工作以软件的自动化方式,实现本来由人工操作计算机的业务。也就是说,在财务管理中,各种业务单据逐渐实现数字化,财务软件的部分功能可以实现自动化。但这只是智能财务的初级阶段,这些自动化工作不需要更加智能的算法就可以完成。

(三)智能财务的灵魂——人工智能算法

智能财务是根据业务数据、财务数据等,使用自动化、数字化、人工智能技术等,解决财务核算问题,进而实现财务决策规划。这是基于先进的财务管理理论与方法,以数据挖掘、人工智能等技术,实现财务信息的数字化。

第二节　智能财务核算

一、会计核算系统的演进

（一）传统会计核算系统

会计核算模块是企业财务会计处理时需要运用到的应用模块，在传统的 ERP 系统中，会计核算模块是核心应用模块，也是最基本的模块。传统会计核算模块如图 6-1 所示。

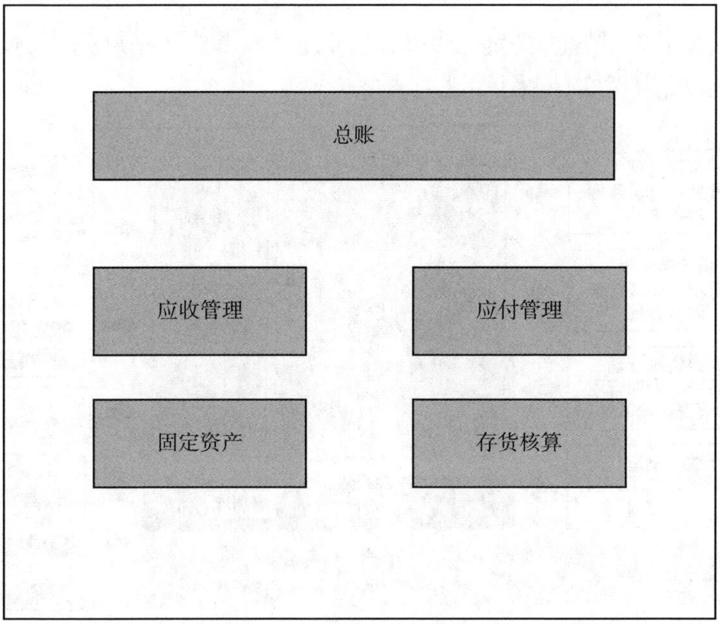

图 6-1　传统会计核算模块

（二）业财集成的会计核算系统

在业财集成应用系统中，往往会建构业财集成的机制，实现业财一体化，并且，还会增加管理会计相应模块，形成一个相对完整的解决方案（见图 6-2）。

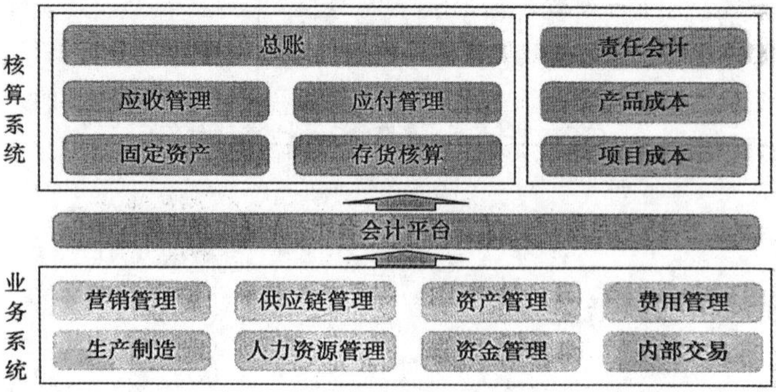

图 6-2　业财集成系统应用框架

（三）智能会计核算系统

经过几十年的发展，会计核算应用范畴越来越大，数据处理能力更加强大，提供的服务、功能等更为全面，逐渐出现了业财融合，使数据的实时传输成为现实（见图 6-3）。

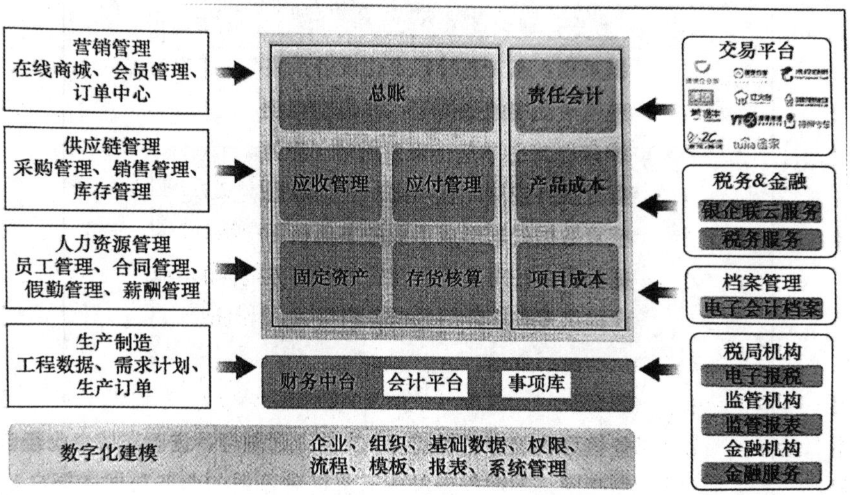

图 6-3　智能核算系统集成应用框架

二、智能核算系统原理

企业的智能会计核算体系主要是将业务系统作为源头，对业务处理的数据进行自动采集，按照企业的各种核算目的以及原则展开核算，生成凭证，并记录到核算模型数据库中。

会计核算系统需要建立不同的会计核算体系，如财务会计、税务会计、管理会计等，以满足企业的不同需求。当前，智能财务会计，改变了会计信息的载体和信息存储方式，加快了信息处理、披露和使用的及时性，增强了信息的共享性，赋予了传统财务会计理论和实务以新的特征。

智能会计的架构如图 6-4 所示。

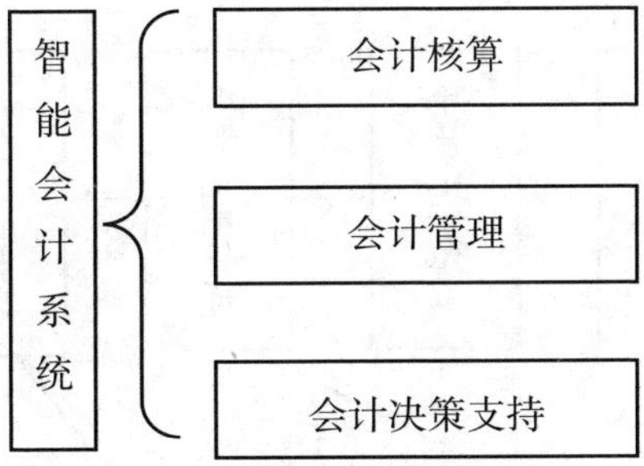

图 6-4　智能会计的架构

智能会计系统的会计核算流程如图 6-5 所示，其主要实现了会计核算的信息化转变、内容多样化、信息共享化等。

除了以上的需求内容之外，在财务管理信息化的过程中，会计系统需要满足的需求很多。

（一）财务与科技的信息化协同

在实际的应用场景中，财务与科技的信息化协同主要表现在两个方面：一方面，传统的财务信息化应用场景会被优化，形成更为高效或有用的升级场景；另一方面，基于新技术的新应用场景也将大量涌现。在这样的背景下，财务部门内部、科技部门内部、财务部门和科技部门之间的协同变得更加复杂，也尤为重要。而我们不得不正视的是，智能时代已经来临，很多财务部门和科技部门都没有做好这样的准备，面对快速来临的技术革新,往往有些不知所措。因此,认真研究智能时代可能给传统的财务、科技协同关系带来怎样的挑战,以及构建怎样的新机制,就变得迫在眉睫和至关重要。因此,企业要适应时代之需,就应建立新财务模型,通过分析大数据,找到配置各类资源的最佳路径和最便捷的工作路线图,从而降低成本、节约资源、提高效率,为企业制订科学发展方案提供依据。为适应新技术所带来的业务模式变化,企业的发展会通过纵向和横向两个维度展开,同时,一系列的重组兼并也将会展开。如果财务会计还依然停留在传统"事务型"的状态中,一方面,无法对企业实施有效兼并带来价值评估或重组后的融资等带来帮助;另一方面,在兼并后,由于企业间的业态差异、管理水平差异等造成整体管理难度加大。因此,如何实现业务和财务数据的协同、下属企业管理需求的统一,以达到企业管理水平的提升,也是在大数据时代迫切需要解决的问题之一。

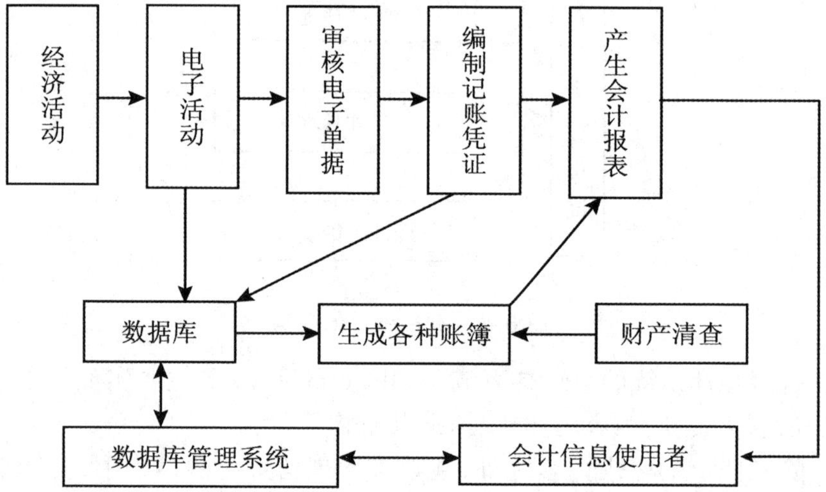

图 6-5　智能会计系统的会计核算流程

随着我国经济的高速增长,以智能化为代表的新的生产力正在改变着人们的生产生活方式。信息化的发展也改变着会计核算模式,给中小企业的财务数据管理带来了全新的机遇和挑战。因此,顺应信息化的发展,转变管理观念,创新管理模式,就显得尤为重要。会计领域的革新必须借助大数据、云财务等信息技术,并逐步建立云财务共享管理模式,从而优化企业的财务。

（二）人工智能创新财务管理框架

人工智能正在改变世界。近几年，随着计算能力不断提升、算法模型逐步完善、数据资源融通共享，人工智能在各行业的落地应用进程明显加快，为传统行业的转型升级注入了强大推力。

人工智能并非仅是一种新技术，更是未来推动经济社会发展的重要基础设施。坚持应用导向，加快人工智能科技成果在各行业的商业化应用，既是发展人工智能的强力手段，也是我国抢占智能时代战略制高点、形成核心竞争力的必然选择。目前，人工智能产品已经走进了我们的日常生活，改变了我们的生活方式。

为此，我们需要厘清人工智能在各行业落地的思维、趋势、应用场景、增长逻辑、实践路径。只有这样，才能精准切入，充分利用有限的资源，在人工智能商业化应用风口中分一杯羹。未来，人工智能产品将会像水和电一般，成为人们日常生活中不可或缺的有机组成部分。

第三节　智能财务管理

一、总账管理

总账管理系统又称账务处理系统、总账系统，主要完成从记账凭证输入到记账、从记账到账簿输出等账务处理工作。无论是从设计的角度还是从应用的角度，总账系统都是会计信息化的核心。所有的财务软件，设计的原理与理论依据是一样的，不同的只是设计的风格。所以，掌握财务软件的操作原理十分重要。

总账管理系统是会计信息系统中的核心子系统，它与其他子系统之间有着大量的数据传递关系。总账管理系统的主要功能包括初始设置、凭证管理、出纳管理、账簿管理、辅助核算管理以及期末处理。总账管理系统的应用流程如图 6-6 所示，可分为三个阶段：初始设置、日常业务处理和期末处理。

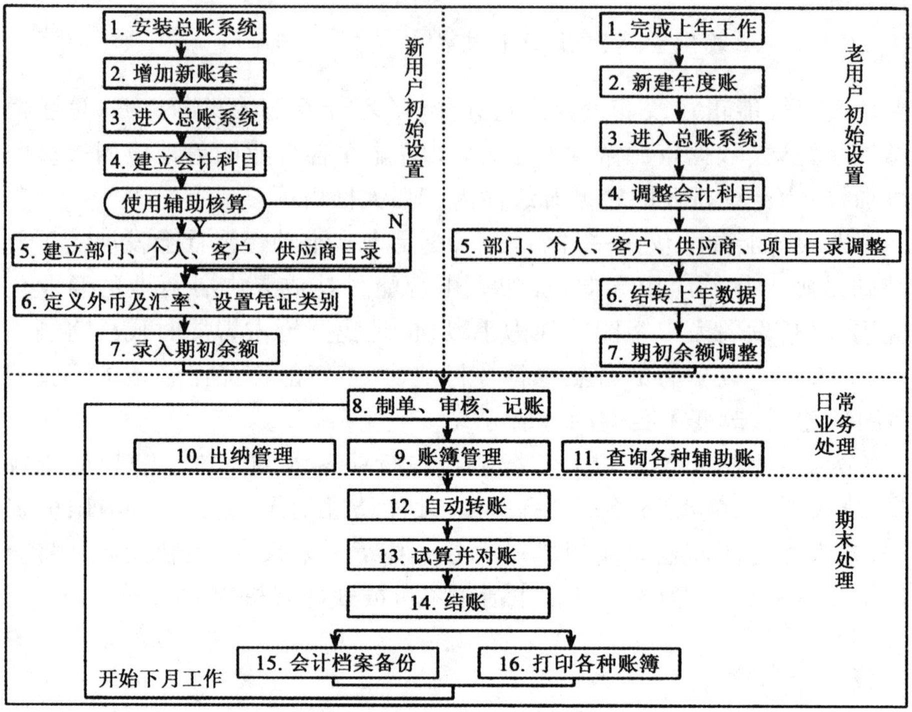

图 6-6 总账管理子系统的应用流程①

无论是计算机系统还是移动系统，其账务处理的目标是一致的，它们都遵循会计的基本理论与方法，遵循现行的会计制度与准则，帮助企业内外的信息使用者更有效地创造价值，其差别是由于数据处理工具的不同而导致会计运作方式的不同。

二、初始化设置

系统初始化工作类似于手工方式下确定会计科目和账户，设置记账凭证，制定记账规则，结转期初余额等初始建账工作。它的作用是在计算机环境下，建立一个本企业需要的会计核算框架和系统应用的初始环境，是系统运行的基石。初始化的工作一般由账套主管或账套主管指定的专人进行。初始化工作在系统投入正常使用前进行，以后一般不再重新设置或修改，如需修改应在年末结账后进行。初始化主要内容

① 曾玲芳．会计信息化实务（财务链篇）[M]．大连：东北财经大学出版社，2017.

如下。

（一）设置系统参数

设置系统参数是对总账系统的系统选项进行设置，以便为总账系统配置相应的功能或设置相应的控制。第一次启用总账系统时，需要在有关参数设置的窗口进行部分参数的设置工作。在启用账套或业务变更后，也可以进行有关参数的设置或调整。

（二）设置基础数据

1. 货币类别设置

企业进行会计核算所采用的本币及外币的设置。企业有外币业务时，除了进行外币币别设置外，还要设置是采用固定汇率还是浮动汇率。

2. 凭证类别设置

由于各单位业务量的大小有较大差距，因而使用的记账凭证类别往往不一样。有的单位使用一种类别的记账凭证，所有凭证统一编号，有的单位使用收款凭证、付款凭证、转账凭证三类或现金收款凭证、银行存款收款凭证、现金付款凭证、银行存款付款凭证、转账凭证五类，每类凭证单独编号，以便单独反映货币资金的收付情况等。用户往往根据企业的需要进行凭证类别的设置。为了防止凭证类别用错或输入错误，在设置凭证类别的同时，用户可以对各类凭证的使用进行限制性条件的设置。例如，收款凭证，设置借方必须是现金或银行存款科目；付款凭证，贷方必须是现金或银行存款科目；转账凭证，必须是不涉及现金或银行存款科目的凭证。

3. 会计科目设置

通用软件一般不固定会计科目，但可以根据企业的行业性质等提供预置的会计科目，由用户根据自己的会计业务处理和财务管理的需要及特点，在遵循系统要求的基础上灵活地设置会计科目。会计科目的设置就是将手工会计核算中所使用的会计科目表逐一地按要求描述到计算机系统中，从而实现计算机系统的会计科目管理。相应的操作有增加、删除、修改会计科目等。会计科目设置的主要内容包括会计科目的代码、名称,会计科目的性质、类型、对应账户的格式,以及科目所需要的辅助核算的要求等。会计科目设置时与手工相同,必须从一级科目开始,逐级设置明细科目,在总账管理系统中,只有末级会计科目才允许有发生额,才能接收各个子系统转入的数据。会计科目设置有三个问题值得注意。

(1)会计科目代码

会计科目是对会计核算的具体内容所做的科学分类。无论是记账凭证的填制、账簿的输出还是报表的编制,都是根据会计科目进行的。科目代码给会计科目的使用、会计数据的分类与查找带来了很多的方便。但这并不是在计算机用于会计数据处理以后才提出来的,只是在计算机环境下,会计科目代码显得更为重要。以计算机作为处理工具的会计信息系统,必须有一套相应的会计科目体系以及会计科目编码方案,这对于提高系统的输入速度、处理效率、输出详细而又完整的会计核算资料都有着极为重要的意义。

(2)辅助核算

辅助核算是计算机环境下特有的核算功能。它在企业原有的会计科目基础上,对以往的一些科目结构进行了优化调整,深化了企业的核算和管理工作。

(3)银行结算方式设置

企业在经营活动中所涉及的结算方式以及相关的票据管理也需要录入系统,以便在需要时使用。其内容包括结算方式的编码、名称、是否使用支票登记簿等,其相关操作包括增加、修改、删除等。

4. 期初数据的录入与试算平衡

为了保证会计数据的连续完整,并与手工账簿记录相衔接,系统在第一次使用前需要将各种基础数据录入计算机系统,以使系统在一个平衡的基础上进行下一个平衡。期初数据的录入分为两部分,分别是总账的期初数据录入和辅助账的期初数据录入。这些基础数据主要是最低一级明细科目的年初余额和系统启用前各月的发生额,其上级科目的余额和发生额由系统自动进行汇总完成,如果遇到某一科目设置了辅助核算,则应录入辅助核算的明细初始余额,其上级科目的余额也由系统自动汇总完成。数据录入完毕后,系统通常会自动对数据进行校验,如有错误,系统将提示修改,直至正确为止。当初始数据经过校验后,系统一般会关闭初始余额录入功能,以确保初始数据的正确性,当期初数据录入完毕并试算平衡后,初始化工作也就结束了。

（三）期初数据录入

建立好账套以后,用户还需要在系统中建立基础档案和各账户的余额数据。总账管理系统需要输入的期初数据包括期初余额和累计发生额,企业建账的时间不同,输入的期初数据也会不同。

1. 年初建账

如果选择年初建账,则只需要准备各账户上年年末的余额作为新一年的期初余额,且年初余额和月初余额是相同的。比如,市面上的某家企业自 2019 年 1 月开始正式启用总账管理系统,那么该企业的相关工作人员只需要整理该企业 2018 年 12 月末各账户的期末余额,作为 2019 年 1 月初的期初余额,因为 2019 年没有累计数据发生,所以,2019 年 1 月的月初余额也是 2019 年的年初余额。

2. 年中建账

如果选择年中建账,用户不仅要准备各账户启用会计期间上一期的期末余额作为启用期的期初余额,而且,要整理自本年度开始至启用期的各账户累计发生数据。比如,某家企业自 2020 年 4 月开始,在公司内部正式启用总账管理系统,则应将企业 2019 年 3 月末各账户的期末余额以及 1 月、2 月和 3 月的借、贷方累计发生额一并整理完毕,以形成计算机系统的期初数据,再由相关工作人员逐一录入总账管理系统中,而系统则会自动计算年初余额。

三、凭证处理

凭证处理包括填制凭证、审核凭证及根据要求查询凭证等内容。在这里,我们简单介绍一下填制凭证。填制记账凭证一般包括两部分：一是凭证头部分,包括凭证类别、凭证编号、凭证日期和附件张数等；二是凭证正文部分,包括摘要、科目、借贷方向和金额等。如果输入的会计科目有辅助核算要求,则应输入辅助核算内容；如果一个科目同时兼有多种辅助核算,则同时要求输入各种辅助核算的有关内容。[①]

四、出纳处理

(一)日记账

在手工会计处理方式下,每一项经济业务的发生,企业都是通过凭证来反映的,然后,根据凭证所反映的科目分别登记到各种账簿中,形成各账簿内容。有关现金的要逐笔登记到现金日记账里,有关银行存款的也要逐笔登记到银行存款日记账里,并由出纳人员单独对其管理。在计算机环境下,凭证进入系统后是以数据库文件的形式存放在凭证文件库里,不再需要登记明细账和总账。需要明细账时系统会根据所需科目自动到凭证文件库里进行查找,将具有相同科目编码的会计科目查找出来,组合在一起就形成了所要的明细账。现金日记账、银行存款记账和资金日报表的生成也是根据这一原理。

1. 现金日记账

进入出纳管理模块,用户只需找到现金日记账的位置,点击相应的按钮,系统就会自动生成现金日记账,栏式日记账与明细账的区别就是日记账必须有当日小计。

2. 银行存款日记账

进入出纳管理模块,用户只需找到银行存款日记账的位置,点击相应的按钮,系统就会自动生成银行存款日记账。与现金日记账查询操作基本相同,不同的是银行存款是多日记账式,主要是为银行存款对账时使用。

3. 资金日报表

进入出纳管理模块,用户只需找到资金报表的位置,点击相应的按钮,系统就会自动生成资金日报表。资金日报表是出纳管理模块不可分割的一部分,通过它,相关工作人员能准确无误地查询现金、银行存款发生额及余额情况。出纳员在每天营业结束的时候,都要如实填写资金

① 蔡永鸿.会计信息化[M].北京:中央广播电视大学出版社,2014.

日报表，主要是记录当天的现金、银行存款的收支情况及余额。除了查询功能外，资金日报表还能提供诸多信息，如提供当日借、贷金额合计和余额等，能显著提高财务人员的工作效率。

（二）支票登记簿

支票是资金表达的另一种形式。犹如现金和银行存款，我们同样地要对它进行特别管理。但是，在计算机系统中使用支票登记簿，要求如下。

（1）在“会计科目”中设置“银行账”科目。

（2）在结算方式中设置票据管理要求。

（3）在建账选项中只有选择支票控制，系统才能在后期的执行中对其管理，没有设置管理要求的，系统不会执行票据管理。注意领用日期和支票号必须输入，报销日期不能在领用日期之前，已报销的支票可成批删除。

（三）银行对账

为了保证会计核算的正确性，通常我们都需要定期进行账实核对，现金和银行存款是两个特别重要的会计科目，对它们更应该加强管理。现金的账实核对是通过不定期查库完成的，银行存款的账实核对是通过银行对账来进行的，银行对账就是将企业的银行存款记账与银行的实际存款日记账（银行对账单）进行逐一核对，看看是否一致。由于存在着时间性的差异（未达账项），可能造成不一致，我们将这种差异进行调整。如果调整后是一致的，说明账记对了；如果调整后还不一致，就说明账记错了，需要查找原因，直到正确为止。计算机进行银行对账的思路和基本工作过程如下。

（1）录入初始未达账。

（2）录入银行对账单。

（3）将银行对账单与计算机里存有的企业记录的银行存款日记账进行逐一核对，对于核对上的项目，系统会自动加注核对标记，对账时可采用计算机自动对账，也可采用手工辅助对账。

第四节　智能财务分析

一、财务数据分析

（一）数据分析技术

面对数据大容量、数据多样性、数据处理响应速度等方面的“瓶颈”，大数据对存储架构、硬件平台架构、数据库架构、数据分析、数据操作、可视化展现平台等都带来了新的技术架构创新，通过运用新的架构模式突破传统架构的“瓶颈”。

大数据对应用层而言最重要的是数据处理速度，而影响数据处理速度的因素归结起来主要有计算、存储和网络三个方面。计算依靠服务器来实现，其 CPU 的主频、内存的容量和 I/O 带宽，都会影响到运算速度。其中，服务器整体表现出来的性能，将会是影响大数据处理的关键因素。

数据是为应用服务的，如果不能满足应用数据的需求，一切都需要变革，数据价值的应用影响并驱动整个科技变革。

1. 非结构化数据库

在大数据概念出现之前，数据往往都是结构化的，它们便于定义、存储和分析。但是，当今时代的数据分析已经不仅仅满足于分析那些结构化的数据了，信息爆炸的今天，数据来源多样化，数据种类往往是非结构化的，它们难以定义且极为占用空间，分析通常更加困难。

那么，为什么要分析这些非结构化数据呢？因为数据爆炸的发生，数据量每两年翻一番，面对这个更加开放和透明的社会，以往被认为是隐私的数据，现在正逐步开放并被认为是理所当然的。比如，之前简历被认为是个人的隐私信息，但随着 LinkedIn 的出现，用户的简历已经公开在网络世界，不再是传统意义上的隐私信息。其中绝大部分新增数据是非结构化的，数量倾向于指数增长，而结构化数据是呈线性增长的。

简单来说，非结构化数据主要就是那些既没有一个预定义数据模型也不适合关系型数据库的信息。非结构化信息通常以文本为主，并且，也可能会包含诸如日期、数字和事实数据。非结构化数据库是指数据库的每条记录由若干不可重复和可重复的字段组成，而每个字段又可由若干不可重复和可重复的子字段组成。简单地说，非结构化数据库就是字段数和字段长度可变的数据库。

2. 分布式平台

存储是基础架构组件中的重要组成部分，大数据将挑战企业的存储架构。数据容量提升与应用程序性能改善，仍将继续成为各类企业在与大数据及大数据分析环境对接的存储领域所面临的最大挑战。随着海量数据的出现，传统的存储系统已经成为数据交互处理的“瓶颈”，这些制约因素包括从存储系统到数据库的带宽限制和存储阵列的内部“瓶颈”。

在大数据时代，数据不再单一地存储在传统的数据中心，而是变得无处不在，数据由原来的结构化数据向非结构化数据和半结构化数据转化。无论是数据大量增加还是使用数据方式的转变，都离不开数据的载体——存储，数据的高效存储和处理已经成为影响企业未来发展的重要因素。

分布式平台是指将数据存储、数据分析和计算等构建在由多个主机构成的集群软件平台上。分布式平台相对于单机构成的系统，其主要区别在于处理问题的规模上，包括数据计算的规模和数据存储的规模。从物理层次上看，分布式平台运行在由多台不共享内存的机器构成的集群上，但是从逻辑层次上来看，分布式平台对用户而言就好像一个单机系统，用户感觉不到物理上分布式的存在。

（1）分布式文件系统

分布式文件系统（Distributed File System，DFS）是指文件系统管理的物理存储资源不都是直接连接在本地节点上，而是分布在由高速内部网络连接的一组机器节点上，这些机器节点共同构成了一个集群。分布式文件系统在设计上一般都是基于客户服务器模型，即传统的C/S模型。在分布式环境下，服务器不再是单机系统，而是可以供多个用户从网络上访问的物理集群。同分布式平台一样，分布式文件系统在设计上充分考虑用户的使用习惯，尽量做到对外表现得就像和本地文件系统一样。用户访问分布式文件系统和访问本地文件系统的使用方法相同。常见的分布式文件系统有网络文件系统（NFS）、Andrew 文件系统（AFS）、谷歌的分布式文件系统（GFS）等。分布式文件系统的集群中一般有一个或多个控制节点，它主要负责分布式文件系统的元数据（目录信息、文件存储位置、命名空间信息等）的管理，监控存储集群的运行状态和健康状态。另外，还有若干个数据节点，主要用来存放实际的文件数据。

当客户端需要读 / 写分布式文件系统的时候，客户端首先连接到控制节点，以获取要读 / 写的数据的实际存放位置等信息，然后，客户端根据控制节点返回的信息连接相应的数据节点，进行实际的数据读 / 写操作，读 / 写完成后，存储节点需要向集群的控制节点报告此次操作的结果，以便告诉客户端读 / 写是否成功。

（2）分布式计算

分布式计算研究如何把一个需要非常巨大的计算能力才能解决的问题分成许多小的部分，并由许多相互独立的计算机进行协同处理，以得到最终结果。对于海量数据分析等数据密集型问题，通常采取分割数据的分布式计算方法，对于大规模分布式系统，则可同时采取这两种方法，国际上典型的分布式计算的项目有以下几个。

第一，SETI@ home：通过运行屏幕保护程序或后台程序，来分析世界上最大的射电望远镜所收到的、可能含有外星智能信号的射电波。

第二，GIMPS：寻找新的梅森素数。

第三，UnitedDevices：综合科学性运算，主攻医药领域，以寻找抗癌药物和天花疫苗为主。

3. 语义理解及分析技术

在网络大数据的背景下，很多数据缺乏文本描述，需要算法自动分析并理解可视化或者音频内容，因此，现有的基于文本的技术将很难应用，需要网络大数据进行全面的语义分析。

（1）文本挖掘的特点及相关技术

文本挖掘是数据挖掘的一个分支，它是把文本型信息源作为分析的对象，利用定量计算和定性分析的方法，从中寻找信息的结构、模型、模式等各种隐含的知识，这种知识对用户而言是新颖的，具有潜在价值。因此，文本挖掘技术的出现为文本信息的整理、分析、挖掘提供了有效手段。

文本挖掘与多个研究领域有密切的关系，如信息检索、信息过滤、自动摘要、文本自动聚类、文本自动分类、计算语言学、数据挖掘、人工智能、统计学等。其中，自动摘要、文本自动聚类、文本自动分类既是一种文本挖掘任务，也是对文本进行深层次挖掘的预处理步骤。

文本挖掘的主要目标是获得文本的主要内容特征，如文本涉及的主题、文本主题的类属、文本内容的浓缩等。目前，这些技术在处理网络信息资源时非常有效。

（2）社交网络情感分析

根据文本内容，我们可以将网络中的文本分为两种，一种是客观性信息，主要针对事件、产品等进行客观性描述；另一种是主观性信息，主要产生于用户对人物、事件、产品等的评价信息。主观性信息表达了人们的各种情感色彩和情感倾向，如“支持”“反对”“中立”等。情感分析在此等同于意见挖掘，是针对主观性信息进行分析、处理和归纳的过程。情感分析最初起源于自然语言处理领域，主要从语法语义规则等方面对文本的情感倾向性进行研判。随着社交网络的兴起与迅速发展，情感分析逐渐涉及多个研究领域，如文本挖掘、Web 数据挖掘等，并延伸至管理学及社会科学等学科，其在产品评论、舆情监控、信息预测等多个领域发挥着重要作用。

随着 Web2.0 的兴起与社交网络的发展，用户可以随意发表自己的观点和意见，在丰富了可利用语料库的同时，也给情感分析带来了诸多新的问题与挑战。与新闻、报道等长文本相比，社交网络中的文本信息短、语法不规则、数据噪声大，尤其是充斥着大量网络流行用语，情感分析的难度大大提高。同时，社交网络中群体特征和群体之间的链接与互动特征，也给传统情感分析带来了新的研究领域。

想要了解在线网络的情感分析技术，应该分两步去分析。首先，要了解文本情感分析，这是社交网络前的经典分析技术，处理的文本也和微博等社交网络不同，通常是指长文本，如网络新闻、网民博客、论坛帖子等。其次，要去了解社交网络情感分析的技术，在线社交网络的新特点给传统长文本情感分析技术带来了一些新的研究问题，进而也催生了一些在线社交网络的情感分析技术，如专门处理短小文本的情感分析技术、利用社交网络中群体间相互影响作用的情感分析技术，以及应对社交网络中垃圾用户、垃圾意见可能对真实情感分析带来影响的一系列垃圾数据处理技术等。

（二）数据计算平台

大数据技术正在从根本上改变数据生成、处理、分析和消耗的策略。一方面，大数据技术促使数据源的获取变得更加多元和高效；另一方面，随着数据源的海量激增，大数据技术使处理数据变得更加快速高效，与此同时，辅以数据可视化技术，使决策更加有理有据。

1.Hadoop 并行计算

在许多对大数据处理有深远影响的大数据技术中，Apache Hadoop 是其中备受瞩目的一个。Hadoop 是一个用于存储和处理多元海量数据的开源平台，由 Apache 软件公司管理，这个平台能够使数据驱动型企业快速高效地从它们的数据中获取价值。Hadoop 能够在它原有格式里存储任意种类数据，还可以廉价地存储百万兆字节，甚至千万亿字节数据，它是一个强健、可靠的系统，能够自动处理硬件和系统障碍，而不丢失数据或中断数据分析。

现如今，数据的规模和种类已经大大超过了传统平台处理数据并提取价值的负载能力，Hadoop 为人们在海量多元数据上发现问题提供了可行性和易用性，而这些问题在以前是不可能被发现和解决的。运行于标准硬件之上的 Hadoop 所具有的可伸缩性和灵活性使人们可以付出更低的成本，获得比以往更多的数据。利用这些数据分析的价值提高实施效果，获得竞争优势。Hadoop 最擅长的是以传统解决方案近 1/10 的成本从海量数据中分析复杂问题，如精细的、特定目的的计算等。

Hadoop 可以胜任很多领域的工作，包括搜索系统、登录系统、推荐系统、数据仓库、语音 / 图像分析。今天，数据类型与数量的大爆炸意味着大数据时代就等同于机遇的大爆炸时代，Apache Hadoop 使得人们可以把简便的数据模型用于最现代的超规模体系中，而不再需要受供应商的制约。高可靠性、高扩展性、高效性、高容错性和低成本是 Hadoop 最大的几个优点，其中组成 Hadoop 的三个关键要素如下。

（1）Hadoop 分布式文件系统（HDFS）

HDFS 是 Hadoop 集群的存储系统。当数据被收集到集群中，HDFS 将数据分成若干片段后分布存储在集群中的不同服务器上。每台服务器只存储数据的若干片段，并且，数据的每个片段被冗余在多个服务器上。HDFS 是 Hadoop 使用的分布式文件系统，承担了 Hadoop

运算过程中的数据存储、数据备份、数据错误校验等功能；HDFS具有很高的数据吞吐量，被设计用来存储大规模数据集；HDFS以流式数据访问模式来存储超大文件，运行于商用硬件集群上。

第一，存储超大文件。这里的“超大文件”是指几百MB、GB甚至TB级别的文件。总存储量可以达到的PB、EB级。

第二，流式数据访问。HDFS流式数据的构建思路是这样的：一次写入、多次读取是最高效的访问模式。这是因为数据集通常由数据源生成或从数据源复制而来，接着长时间在此数据集上进行各种分析，每次分析都将涉及该数据集的大部分数据甚至全部，因此读取整个数据集的时间延迟比读取第一条记录的时间延迟更重要。

第三，基于普通商用硬件。Hadoop并不需要运行在昂贵且可靠的硬件上，它是设计运行在商用硬件的集群上的，因此，即使面对庞大集群发生故障时，HDFS也能够继续运行且不让用户察觉到明显的中断。

（2）MapReduce并行计算

因为Hadoop集群通过数据分片的模式存储整个数据，所以，可以在存储数据的每个服务器上并行计算分析。每台服务器同时对自己存储的数据片段进行分析，并将分析结果返回，最后再汇总计算为一个详尽的分析结果。MapReduce就是收集和汇总分析结果的代理。它是Hadoop使用的并行计算框架，使用该框架编程，开发人员可以在不了解分布式计算底层实现细节的情况下，编写出高质量的分布式并行程序。

（3）Hive数据仓库

Hive是一个基于Hadoop的数据仓库平台，它提供了数据仓库中常用的工具和方法，通过Hive，可以方便地进行数据仓库技术（ETL）的相关操作。Hive定义了一个类似SQL的查询语言HiveQL，使用HiveQL可以轻松地在大规模数据集上进行数据查询等操作。Hive内部通过一个HiveQL的解析器将HiveQL语句转化成MapReduce作业，然后在Hadoop集群上运行。总体来看，Hive使Hadoop海量数据分析中的数据归纳、查找和分析等操作变得更加容易和简单。

另外，当系统出现故障时，HDFS和MapReduce都可以正常工作，HDFS还能继续监控集群上存储的数据。如果一台服务器不可用，比如由于硬件或软件问题导致硬盘驱动损坏或存储的数据损坏，HDFS可以从集群中某台服务器上的该数据片段副本中自动恢复数据。相似地，当进行分析工作时，MapReduce监控参与分析工作的每台服务器的进程，如果参与分析工作的某台服务器迟迟没有反馈分析结果，或者在完成分析工作之前宕机，MapReduce可以在存储该数据片段的其他服务器上自动启动另一个实例分析任务。由于HDFS和MapReduce这样的工作机制，Hadoop可以以较低的成本为数据存储及分析提供可扩展的、可靠的和可容错的服务。

2. 并行计算平台

虽然，已经存在不同的计算技术，但并行计算平台仍然是能同时满足数据处理速度和数据规模要求的唯一平台，有两种常见的并行计算平台。

（1）集群和网格

集群和网格计算是一种服务器之间利用松耦合系统协作去分发工作负载的计算模型，可以是同构或异构的普通硬件环境。人们倾向于选择集群或网格方案，是因为这些设备的总成本很低，人们可以购买普通硬件并把它们集合在一起。网格环境确实提供了较低的存储成本，但如果把一个网格环境和其他可替代并行计算环境的持有成本进行对比时，差别并不大，因为包含了人工成本用来搭建和维护网格环境。

集群或网格的一种变化形式是公有云环境，类似亚马逊或EC2的厂商会搭建一个集群或网格，然后通过互联网出售存储空间和计算能力。云环境下可以按照自己的需要去付费，当数据处理需求增长或降低时，可以从供应商处增加或减少购买云空间。

（2）高性能计算（HPC）

HPC环境被设计用于高速浮点运算处理，大多数计算是在内存中完成的，以获得可能的最高计算性能，Cray计算机和IBM深蓝是HPC环境的代表。研究机构和需要高扩展性计算性能的公司广泛应用HPC环境。即使HPC成本略高，但在这些领域，计算创造的价值仍然非常大，从战略上来说，成本因素并非那么重要。虽然，HPC环境已经出现了相当长一段时间，但由于成本所限，仍主要被用于专业应用，提供可定制的应用开发环境。

二、可视化技术及财务信息可视化

（一）信息可视化

以视觉的能力获取信息，一直以来都被认为是最有效的信息获取方式，信息可视化正是利用了人类眼睛所具有的胜过其他感官的敏锐度的特点，将各色各样庞杂的数据与信息视觉化，并将其设计为与受众视觉习惯相匹配的可视化信息图，使受众可以在最短的时间内使用最少的视线移动捕捉到最多最全的信息，从而更加轻松地实现信息展示、传达与获取的目的。①

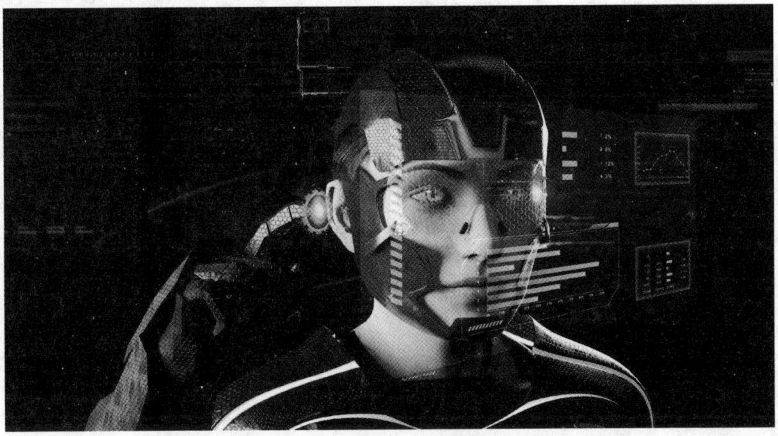

图 6-7　信息可视化

如图 6-7 所示，信息化的本质是将现实世界中的事物以数据的形式存储到计算机系统中，即信息化是一个生产数据的过程。简单来说，数据是反映客观事物属性的记录，是信息的具体表现形式；而信息可以理解为数据中包含的有用的内容。

1. 数据的概念

数据是用来描述科学现象和客观世界的符号记录，是构成信息和知识的基本单元。它是独立的、互不关联的客观事实，只有将数据用一定的方式进行排列、统计或分析才能使其具有不一样的意义。

① 张毅，王立峰，孙蕾．信息可视化设计［M］．重庆：重庆大学出版社，2017.

2. 数据类型

根据数据分析的要求，不同的数据应采用不同的分类方法。

（1）定性数据和定量数据

传统的统计学把数据划分为用文字描述的定性数据和用数字描述的定量数据。如一家企业的所有制形式可以是国有、私营、股份制和外资等，或消费者对某场所提供服务的总体评价等都属于文字描述的定性数据；如企业的净资产额、净利润额等，或消费者在某网站从订购至收到这些商品的天数以及消费者准备在未来的12个月内花多少钱去购买家用电器等，都属于数字描述的定量数据。[①]

（2）离散型数据和连续型数据

若我们所研究现象的属性和特征的具体表现在不同时间、不同空间或不同单位之间可取不同的数值，则可称这种数据为变量。变量有离散型和连续型之分。离散型变量的数据是可列的，如一家公司的职工人数、某地区的企业数等，连续型变量的数据可以取介于两个数值之间的任意数值，如销售额、经济增长率等。定性数据只能是离散型的，例如，对问题"你最近持有股票吗"的回答，就限于简单的是或否。定量数据既可以是离散型的，也可以是连续型的。如对"你现在订阅了几份杂志"的回答是离散型的，对你的身高是多少米的回答，以及对在商品公司的顾客满意度调查中所问的问题，回答都是连续型的。

有些连续型变量在具体整理分析时，可进行离散化处理。例如，严格地讲，人的年龄是一个连续型变量，因为从人们的出生时间到统计的时间是一个连续变量，但在实际统计工作中，往往是按实足的年份进行离散化的处理。

对连续型变量的量度还受到测量工具的影响。例如，人们的身高是一个连续型随机变量，但由于测量工具的精确程度不同，某人的身高可能是1.70米、1.701米、1.7009米或者是1.70087米。从理论上讲，不可能出现两个人的身高是完全相同的这种情况，因为测量的工具越精确，就越有可能区分出他们身高的不同。但是，大部分测量工具都不是十分精确的，无法测出细小的差别，因而，即使随机变量确实是连续的，也经

① 孙允午．统计学——数据的搜集、整理和分析[M]．上海：上海财经大学出版社，2006.

常会在试验或调查的数据中发现取值相同的观测值。

3. 数据的四个层次

（1）定类数据

定类数据也称定名数据，用于区分物体。这种数据只对事物的某种属性和类别进行具体的定性描述。例如，对企业按所有制性质划分为国有企业、集体所有制企业、股份制企业、私营企业、外资企业等，可分别用1、2、3、4、5、6等表示；在某某公司的调查中，消费者对未来的12个月内是否打算在该公司购买其他商品的回答结果，可分别用1表示是，用2表示否。这种数码只是代号而无顺序和大小之分，只计算每一个类型的频数或频率（即比重）。

（2）定序数据

定序数据也称序列数据，是对事物所具有的属性顺序进行描述，将所有的数据按一定规则分类，而且还使各类型之间具有某种意义的等级差异。例如，对职工按所受正规教育划分为大学毕业、中学毕业，小学毕业等；在购物商场的调查中，消费者对该商场所提供服务的总体评价等都属于定序数据。[①]

（3）定距数据

定距数据也称间距数据，用于得到对象间的定量比较。它不仅能将事物区分为不同类型并进行排序，而且还可以测定其间距大小，标明强弱程度，提供详细的定量信息。定距测定的量可以进行加减的运算，但不能进行乘或除的运算。由此可见，区间型数据基于任意的起始点，只能衡量对象间的相对差别。

（4）定比数据

定比数据也称比率数据，用于比较数值间的比例关系，可以精确地定义比例。它不仅可以进行加减运算，而且还可以做乘除运算，定比数据有一个自然确定的零点，具有实质意义。几乎所有的物理量都可以进行定比测定，绝大多数的经济变量也可以进行定比测定，如产量、产值、固定资产投资额、居民货币收入和支出、银行存款余额等。上述统计数据四个层次的描述功能是依次增大的，因而，它们的运算功能也是依次增大的。

---

① 王德发 . 统计学 [M]. 上海：上海财经大学出版社，2012.

（二）可视化及信息可视化

“可视化”一词是1987年美国国家科学基金会提出的概念，即通过视觉的方式将日益增多的海量计算数据直观地展现出来，以方便人们理解、交流和应用。可视化对应的英文单词为visualize和visualization。其中，动词visualize强调可视化的过程，意为“生成符合人类感官习惯”的图像；名词visualization则更强调可视化的结果，表达“使某物体或某事物成为可见的动作或状态”。可视化就是在大脑中形成一幅可感知的心理图像的过程或能力。①

信息可视化是由著名人机交互专家斯图尔特·卡德等人于1989年创造的词汇并逐步被国际社会所接受，所谓信息可视化（information visualization，InfoVis或IV），就是利用计算机支撑的、交互的、对抽象数据的可视表示，利用人们对图形符号的解读理解复杂信息背后的意义或故事。无论是图形、表格、流程图或是图形动画（Motion Graphic，MG），都能为人们传递信息、知识、隐喻、叙事或者观点，这些都是信息可视化（见图6-8、图6-9）。

图6-8　金融资讯可视化

① 赵蓉英．信息计量分析工具理论与实践[M]．武汉：武汉大学出版社，2017.

图 6-9　定位导航

（三）财务信息与数据可视化

要想把数据可视化，就必须知道它表达的是什么，事实上，数据是现实世界的一个快照，会传递给我们大量的信息。一个数据点可以包含时间、地点、人物、事件、起因等因素，因此，一个数字不再只是沧海一粟。可是，从一个数据点中提取信息并不像一张照片那么简单，人们可以猜到照片里发生的事情，但如果对数据心存侥幸，认为它非常精确，并和周围的事物紧密相关，就有可能曲解真实的数据。必须观察数据产生的来龙去脉，并把数据集作为一个整体来理解，关注全貌比只注意到局部更容易做出准确的判断。[①]

通常在实施记录时，由于成本太高或者缺少人力，人们不大可能记录一切，而是只能获取零碎的信息，然后寻找其中的模式和关联，凭经验猜测数据所表达的含义，数据是对现实世界的简化和抽象表达。可视化能帮助人们从一个个独立的数据点中解脱出来，换一个不同的角度去探索它们（见图 6-10）。

1. 数据的可变性

我们以一个实际案例分析来说明数据的可变性。美国国家公路交通安全管理局在 2010 年做了一项调查，关于近十年的公路交通事故的发生频率，以及各项数据分析。数据显示从 2001 年起到 2010 年，全美共发生了 363839 起致命的公路交通事故，这意味着有至少 363839 人

① 周苏，王文．大数据及其可视化［M］．北京：中国铁道出版社，2016．

在车祸中丧生，而按常理来说，这个数字应远高于此，这不得不让人们警惕、反省和深思车祸带来的严重后果。然而，这些触目惊心的数据除了提醒人们安全驾驶之外，人们还能从中得到什么呢？要知道这些数据都是十分详尽的，可以具体到每一起事故发生的时间、地点和人数等，因此人们可以从中了解到更多的信息。在出示的数据中，比起总数据，人们往往会把关注焦点切换到这些年里发生的每一起具体的交通事故上。

重要的是，查看这些数据比查看平均数、中位数和总数更有价值，测量值只告诉人们一小部分信息，大多时候，总数或数值只是告诉人们分布的范围在哪里，而未能显示出应该关注的细节。

图 6-10　三人围绕手机讨论数据

2. 数据的不确定性

通常，大部分数据并不像上文提到的交通事故案例那样有具体实际的数据，而都是估算的，并不精确。分析师会研究一个样本，用自己的所学、所知对其进行分析，并据此猜测整体的情况，大多时候所猜测的是正确的，但即使如此也仍然存在不确定的情况。例如，笔记本电脑上的电池寿命估计会按小时增量跳动，地铁预告说下一班车将会在 10 分钟内到达，但实际上是 11 分钟，或者预计在周一送达的一份快件往往周三才到。[①]

如果数据是一系列平均数和中位数，或者是基于一个样本群体的一些估算，就应该时时考虑其存在的不确定性。尤其是关乎人类这个庞大的群体时，相关的预测数据就更要谨慎入微地去考虑，设想更多的不确定因素，这样得到的最终结果才会更加趋于“正确”，否则，一个很小的误差就可能会导致巨大的差异。

3. 数据的背景信息

什么是数据的背景信息？这和每个人看数据时的角度有关，不同的角度看问题，得到的结论也不一样。譬如，在夜晚看星星的时候，觉得它们就像平面上的一个个点，但实际上，我们知道，不同的星星与地球之间的距离可能相差许多光年。如果我们切换到显示实际距离的模式，星星的位置就不在同一个平面上了，原先容易辨别的星座也几乎认不出来，这就是背景信息的作用。

使用数据的同时需要兼顾数值本身之外的信息，只有这样，才能更客观、更清晰地看待事物的全貌，否则，就好比拿断章取义的片段作为文章的主要论点引用一样站不住脚，还有可能完全误解文章的意思。因此，必须首先了解何人、如何、何事、何时、何地以及何因，即元数据，或者说关于数据的数据，然后，才能了解数据的本质是什么。

何人（Who）：“谁搜集了数据”和“数据是关于谁的”同样重要。

如何（How）：也就是怎样获取你想要的数据。这里分为两类：一类是自己在实践中搜集到的，这样的数据比较可靠，有理论依据，方便操作和分析；另一类是间接的，通过网络或其他书籍等参考得来的，这类数据虽不需要知道其背后精确的统计模型，但要小心小样本的规模，样本小，误差率就高，也要小心不合适的假设，比如包含不一致或不相关信息的指数或排名等。

何事（What）：还要知道自己的数据是关于什么的，应该知道围绕在数字周围的信息是什么。

何时（When）：数据大多以某种方式与时间关联，可能是一个时间序列，或者是特定时期的一组快照。因此，我们在搜集数据时，必须要清楚地记录下每一个数据采集的时间，以供后续的使用。这里需要注意的

① 郑莉．数字艺术设计实践探索[M]．长春：吉林美术出版社，2019.

是，很多人会把已有的旧数据当成现在的数据使用，这是错误的，事在变，人在变，地点也在变，数据自然也会变。

何地(Where)：正如事情会随着时间变化一样，它们也会随着城市、地区和国家的不同而变化。例如，不要将来自少数几个国家的数据推及整个世界，同样的道理也适用于数字定位，一些网站的数据能够概括网站用户的行为，但未必适用于物理世界。

何因(Why)：就是我们必须知道收集这些数据的原因是什么，所有的数据都是为了一个中心论点服务的论据，这个论点的意义要凸显出来。有时人们收集甚至捏造数据只是为了应付某项议程，应当警惕这种情况。①

可视化通常被认为是一种图形设计或破解计算机科学问题的练习，但最好的作品往往源于数据。因此，首要任务是竭尽所能地了解自己的数据，这样，数据分析和可视化会因此而增色。

4. 打造最好的可视化效果

计算机中也存在不需要人为干涉就能单独处理数据的例子。例如，当要处理数十亿条搜索查询时，要想人为地找出与查询结果相匹配的文本广告是根本不可能的。同样，计算机系统非常善于自动定位，并在百万多个交易中快速判断出哪些具有欺骗性，虽然，不能够人为地控制计算机的查询结果，但人类可以根据计算机提供的数据做出更好的决策。事实上，拥有的数据越多，从数据中提取出具有实践意义的见解就显得越发重要，将数据的独特见解可视化，在一定程度上可以帮助和指导人们的行动。

可视化和财务数据是相伴而生的。可视化可以将事实融入数据，并引起情感反应，它可以将大量财务数据压缩成便于使用的知识。因此，可视化不仅是一种传递大量信息的有效途径，它还和大脑直接联系在一起，并能触动情感，引起化学反应。

(四)财务信息可视化设计

财务信息可视化设计的目标在于将不可见信息或难以直接显示的财务数据转换为可感知的图形、符号、图表、颜色或纹理等视觉要素，并

① 周苏，王文．大数据可视化[M]. 北京：中国铁道出版社，2016.

用图像或动画表示趋势、观念、思想或者过程。今天，为了应对信息时代海量、多维、多源和动态财务数据的分析和挑战，需要通过设计学、图形学和交互设计等新的方法和手段展示财务数据，让人们能够从复杂、零散和不完整的财务数据中快速挖掘出有用的信息，以便及时准确地判断趋势，并做出有效的决策。

由此，我们可以总结归纳出财务信息可视化设计的意义或价值。财务信息可视化设计的意义在于通过增强信息或财务数据的可读性、易读性、可用性、美观性和易用性，促进人们的相互理解与沟通，从而实现人类社会的和谐相处。简单来说，在这个信息时代，财务数据就是美。而财务信息可视化的深刻意义还在于如下几个方面。

（1）客观图表更容易被受众接受。

（2）使复杂的财务数据变得清晰、易懂和美观。

（3）将复杂的财务数据梳理成有条理的信息传递给受众。

（4）将不同学科的专业内容视觉化，促进科普与传播结合。

（5）使分散的财务数据变得集中，以便更好地理解信息在系统中的位置。

（6）将财务数据中的深层内容通过视觉化的方式展现出来，便于展示因果关系和趋势。

（7）财务信息可视化是消除误解、促进交流、展示真理、构建人类命运共同体的有效手段。

第五节　智能财务决策

一、传统财务决策

财务决策即为了实现经营目标，由企业管理者从经营状况与财务资料出发，结合决策的原理和方法展开的管理活动。财务决策的内容涉及财务总目标决策、投资与筹资决策、成本决策、利润分配决策等。当然，企业的规模与经营范围不同，财务决策内容也必然不同。财务决策在企业经营管理整个过程中得以贯穿，是企业管理的核心。

传统的财务决策是由决策者以现存的数据资料以及过去的决策经验作为基础做出的，从企业经营中存在的决策问题出发，企业的最高管理层根据企业自身的能力与资质以及发展战略，做出财务总目标决策，并从上向下层层传达，同时，各个层次的负责人要做好本区域的决策，以便共同形成财务决策体系。

二、智能决策支持系统

决策支持系统，简称 DSS，是 1971 年提出的，其被定义为交互的计算机系统，能够帮助决策者从历史数据中构建模型，并对决策提出合理化的意见和建议，以解决传统财务决策中很难解决的问题。

DSS 的结构有多种形式，虽然 DSS 的结构根据不同的运用环境存在差异，但是其核心部分基本相同。

DSS 的决策制定过程可以抽象化为一个流程图。用户将问题输入，系统将问题转化成系统可以识别的语言，并对问题进行分类和界定。通过将系统中的数据库、方法库等调用，提取决策需要的数据，并对数据加以处理，建构模型，从而进行求解。当得到结果后，形成符合决策要求的方案反馈给客户，由用户进行评估，并选择。如果得出的决策方案符合客户需求，那么，会被采纳，如果不符合，则会再次改进，再次进入决策流程，直到满足客户需要。

三、智能财务决策支持系统

智能财务决策支持系统，简称 IFDSS，是在 DSS 的基础上，结合企业财务决策的现实需要构建的智能决策辅助系统。通过对 DSS 各个模块进行针对性改造，可以形成适合企业财务决策方向的 IFDSS 系统，具体模型如图 6-11 所示。

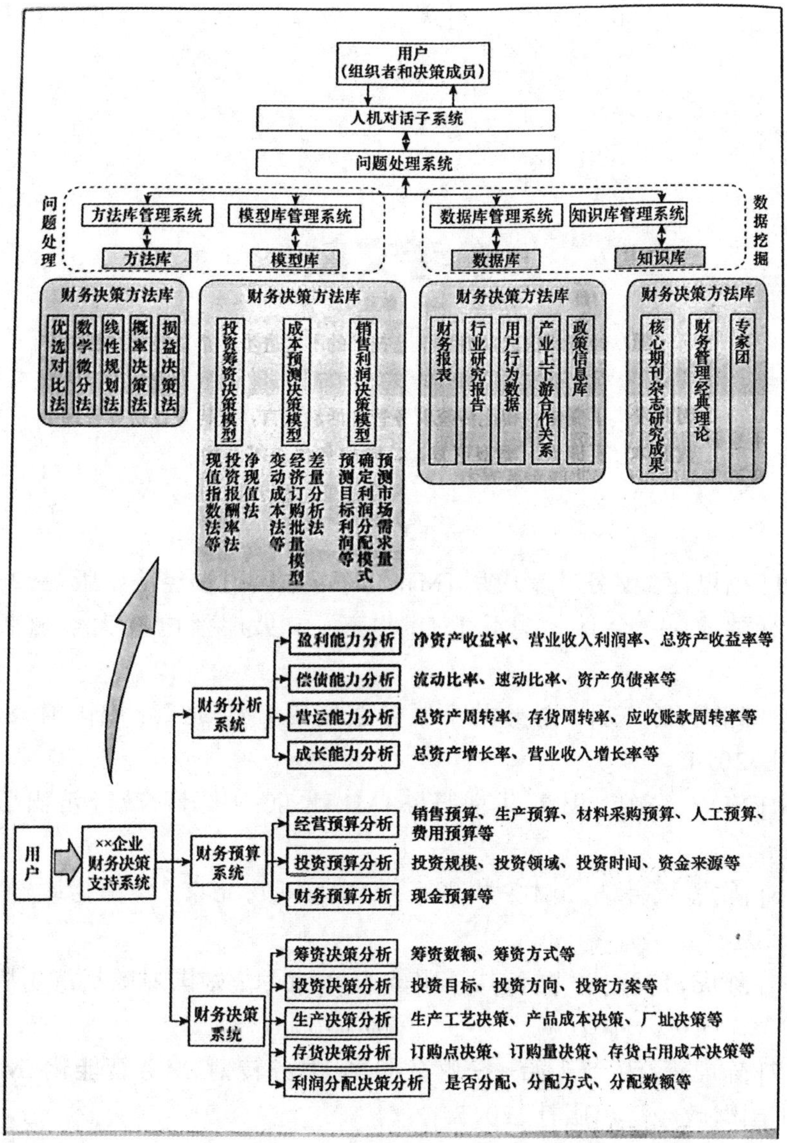

图 6-13　IFDSS 概念模型

参考文献

[1] 柏思萍 . 财务共享应用 [M]. 北京：中国财政经济出版社，2020.

[2] 蔡永鸿 . 会计信息化 [M]. 北京：中央广播电视大学出版社，2014.

[3] 陈虎，陈东升 . 财务共享服务案例集 [M]. 北京：中国财政经济出版社，2014.

[4] 陈虎，董皓 . 财务共享服务 [M]. 北京：中国财政经济出版社，2009.

[5] 陈虎，孙彦丛 . 财务共享服务 [M].2 版，北京：中国财政经济出版社，2018.

[6] 陈虎，孙彦丛 . 财务共享服务 [M]. 北京：中国财政经济出版社，2014.

[7] 陈虎等 . 从新开始——财务共享、财务转型、财务智能化 [M]. 北京：中国财政经济出版社，2017.

[8] 陈剑，梅震 . 构建财务共享服务中心：管理咨询→系统落地→运营提升 [M]. 北京：清华大学出版社，2017.

[9] 陈平 . 财务共享服务 [M]. 成都：西南财经大学出版社，2020.

[10] 董皓 . 智能时代财务管理 [M]. 北京：电子工业出版社，2018.

[11] 贾小强，郝宇晓，卢闯 . 财务共享的智能化升级 [M]. 北京：人民邮电出版社，2020.

[12] 刘赛，刘小海 . 智能时代财务管理转型研究 [M]. 长春：吉林人

民出版社,2020.

[13] 马建军 . 财务共享实训教程 [M]. 北京：电子工业出版社，2017.

[14] 马建军 . 财务共享综合实训 [M]. 北京：电子工业出版社，2019.

[15] 南京大学智能财务研究课题组 . 智能财务教程 [M]. 南京：南京大学出版社,2019.

[16] 饶艳超 . 财务共享服务沙盘模拟教程 [M]. 上海：上海财经大学出版社,2017.

[17] 任振清 . 财务数字化转型 [M]. 北京：清华大学出版社,2020.

[18] 石贵泉,宋国荣 . 智能财务共享 [M]. 北京：高等教育出版社，2021.

[19] 时强 . 大型煤炭企业财务管控信息化研究 [M]. 天津科学技术出版社,2019.

[20] 孙允午 . 统计学——数据的搜集、整理和分析 [M]. 上海：上海财经大学出版社,2006.

[21] 天津市会计学会 .2019 会计学术集萃 [M]. 天津：天津科学技术出版社,2019.

[22] 田高良 . 财务共享理论与实务 [M]. 北京：高等教育出版社，2020.

[23] 王德发 . 统计学 [M]. 上海：上海财经大学出版社,2012.

[24] 王凤燕 . 财务共享模式下的内部控制与企业绩效研究 [M]. 北京：中国社会出版社,2019.

[25] 王兴山 . 数字化转型中的财务共享 [M]. 北京：电子工业出版社,2018.

[26] 王云,郭海峰,李炎鸿 . 数字经济区块链的脱虚向实 [M]. 北京：中国物资出版社,2018.

[27] 吴践志,刘勤等 . 智能财务及其建设研究 [M]. 上海：立信会计出版社,2020.

[28] 徐志敏,邵雅丽 . 云计算背景下的财务共享服务中心建设研究 [M]. 长春：吉林人民出版社,2019.

[29] 曾玲芳 . 会计信息化实务(财务链篇)[M]. 大连：东北财经大学出版社,2017.

[30] 张奇 . 大数据财务管理 [M]. 北京：人民邮电出版社，2016.

[31] 张庆龙，董皓，潘丽靖 . 财务转型大趋势——基于财务共享与司库的认知 [M]. 北京：电子工业出版社，2018.

[32] 张庆龙，聂兴凯，潘丽靖 . 中国财务共享服务中心典型案例 [M]. 北京：电子工业出版社，2016.

[33] 张庆龙，潘丽靖，张羽瑶 . 财务转型始于共享服务 [M]. 北京：中国财政经济出版社，2015.

[34] 张一兰 . 智能财务时代 [M]. 长春：吉林大学出版社，2020.

[35] 张毅，王立峰，孙蕾 . 信息可视化设计 [M]. 重庆：重庆大学出版社，2017.

[36] 赵蓉英 . 信息计量分析工具理论与实践 [M]. 武汉：武汉大学出版社，2017.

[37] 郑莉 . 数字艺术设计实践探索 [M]. 长春：吉林美术出版社，2019.

[38] 周苏，王文 . 大数据及其可视化 [M]. 北京：中国铁道出版社，2016.

[39] 李菁菁 . 大智移云背景下企业财务共享服务中心建设研究——以中兴通讯集团为例 [D]. 武汉：东南财经大学，2020.

[40] 于琳琳 . 基于区块链技术下的黑龙江省高校财务共享平台建设研究 [D]. 哈尔滨：哈尔滨商业大学，2019.

[41] 褚燕 . 云财务共享服务模式设计——以费用报销流程为例 [J]. 价值工程，2015（2）.

[42] 管晨智，管友桥 . 云财务在中小企业中的有效应用初探 [J]. 商业会计，2018（01）.

[43] 何永利 . 云计算在财务共享服务中心建设中的应用 [J]. 新理财，2016（2）.

[44] 刘钦 . 数字化时代下的业财融合路径构建与研究 [J]. 纳税，2021，15（04）.

[45] 路迪 . 大智移云背景下企业财务共享服务中心建设分析 [J]. 财会研究，2021（3）.

[46] 张锋军 . 大数据技术研究综述 [J]. 通信技术，2014（11）.